POINTS
VIVRE

UNE COLLECTION D'ÉPANOUISSEMENT INTÉRIEUR
Dirigée par Anne Ducrocq

On naît, on grandit, on vit, on prend des coups, on s'étonne. On esquive, on mûrit, on guérit, on avance. Et parce que la vie est la vie et qu'elle nous veut du bien, on rencontre sur le chemin des livres de sagesse et d'épanouissement intérieur: on y apprend à respirer avec le cœur; la vie s'y faufile, vaste et libre, toujours en train de commencer.
Car il ne suffit pas d'être né, il faut renaître à l'essentiel.

Des histoires personnelles aux expériences universelles, de la foi au combat spirituel, des épreuves à l'amour, des blessures à la fin de vie,

tout est à vivre.

A. D.

Née en 1936, mère de quatre enfants, grand-mère de neuf petits-enfants, Ghislaine de Sury a le sentiment d'avoir vécu neuf vies : non pas successivement, comme les chats, mais en parallèle. Elle fut étudiante en philosophie et en sciences sociales, formatrice pour adultes à l'université, formatrice de cadres en Afrique et Nouvelle-Calédonie. Et puis il y a la famille bien sûr… Et aujourd'hui, comme hier, la douce magie de l'écriture…

Ghislaine de Sury partage sa vie entre Paris et le Jura. *Le Goût de vieillir* est son deuxième livre.

DU MÊME AUTEUR

Elle court, elle court la famille…
Casterman, « L'école des parents », 1982

Ghislaine de Sury

LE GOÛT DE VIEILLIR

Éditions de La Martinière

TEXTE INTÉGRAL

ISBN 978-2-7578-6716-7
(ISBN 978-2-7324-8082-4, 1re publication)

À mes petits-enfants qui forment
une partie de la matière de ce livre,
À mes enfants qui m'ont accompagnée
dans mes tâtonnements pour découvrir
un certain « goût de vieillir ».

Préface

De nombreux livres sur la vieillesse ont été publiés ces vingt dernières années alors que, quand j'ai commencé à travailler sur ce thème dans les années soixante-dix, seul l'ouvrage de Simone de Beauvoir, *La Vieillesse*, était connu. Maintenant, d'un point de vue médical, psychologique, sociologique ou préventif, les livres, revues, guides et même les sites Internet se multiplient.

Ce que Ghislaine de Sury nous dit est, à mes yeux, d'un autre ordre. Elle montre quelle chance représente pour elle cette période de la vie, malgré les difficultés de santé et les incapacités grandissantes (que c'est compliqué de se retourner dans son lit ou de se lever le matin !). Chance d'instaurer des relations différentes avec ses enfants, petits-enfants, voisins de palier... Chance de voir, de sentir, d'apprécier autrement le monde qui l'entoure, de goûter la vie et même les transformations de l'âge.

À mes yeux, ce livre est un temps de réflexion sur soi-même comme le font, spontanément, bien des personnes qui vieillissent, sans l'écrire pour autant. Ma mère me disait très souvent, quand ses quatre-vingts ans sont arrivés, combien à cet âge-là on devrait faire de la philo.

Mais c'est surtout un hymne à la liberté.

Une liberté limitée, certes, par le corps qui change. Mais une possibilité nouvelle d'affirmer ses goûts, ce qui plaît ou déplaît, d'utiliser son temps comme on le souhaite, par exemple en allant à la rencontre de nouvelles connaissances, patrons de bistrot ou SDF dans les rues de Paris, ou de dire simplement « oui » ou « non ».

Ce livre nous dit que vieillir peut être un temps de liberté et d'affirmation plutôt que de résignation, que, s'il y a des choses que l'on ne fait plus, il y en a toujours d'autres à connaître, des gens à découvrir avec encore plus de jubilation et d'humour.

Il nous dit tout simplement que vieillir est un moment de vie. Et qu'il est possible de le « goûter ».

Paulette Guinchard
Ancienne secrétaire d'État
aux personnes âgées

J'ai bientôt quatre-vingts ans, autrement dit, un âge largement canonique !

En regardant le chemin parcouru ces vingt dernières années, je m'aperçois que cette période que je redoutais a été incroyablement riche de surprises, de découvertes, de transformations… et que j'en ai encore de multiples à vivre. Ce que j'appréhendais comme un déclin inéluctable, la pire période de ma vie, s'est révélé une aventure peut-être aussi étonnante que les vingt premières années de mon existence. Il me semble à présent que, derrière la peur de vieillir que j'ai partagée et partage encore avec la plupart de mes contemporains, se cache aussi, pour peu que l'on y prête attention, un certain « goût de vieillir ».

Comme les autres temps de la vie, celui du

vieillir n'est jamais linéaire : il procède par lentes évolutions, sauts brutaux et même retours en arrière. Aujourd'hui plus que jamais, il prend mille visages selon les conditions de vie et les accidents qui l'affectent. L'une de mes filles, gériatre, a l'habitude de dire que la santé de chaque personne âgée représente un condensé de son histoire personnelle et que cela rend passionnante sa propre spécialité de médecin. Comme elle, je ne suis pas éloignée de penser que l'on vieillit comme l'on a vécu. Avec des possibilités inédites de changements, ce qui rend exceptionnellement intéressant cet âge de la vie.

J'ai voulu explorer la façon dont j'ai profité de cette chance.

Un mot, comme dans les pièces de théâtre, pour présenter les personnages principaux qui traversent cette histoire.

L'auteure : Ghislaine, « Mamilène » pour ses neuf petits-enfants. J'ai perdu mon mari, Jacques, il y a dix ans et pris ma retraite d'enseignante à l'université il y a une quinzaine d'années.

La famille : mes quatre enfants, leurs conjoints et leurs propres enfants qui jouent un rôle essentiel dans cette histoire.

Enfin *quelques personnages importants* pour moi que l'on pourra croiser au fil du récit : Michel, un ami d'enfance, Zette, une amie artiste, Suzanne, l'ange gardien de Frontenay, maison familiale mythique du Jura, que Jacques et moi avons choisi d'ouvrir à bien d'autres qu'à notre seule famille… Mais ça, c'est une autre histoire.

Première partie
L'étonnement de vieillir

« Quand vous serez bien vieille, au soir, à la chandelle,
Assise aupres du feu, devidant et filant,
Direz, chantant mes vers et vous esmerveillant :
"Ronsard me célébroit du temps que j'estois belle". »

Pierre de Ronsard,
Sonnets pour Hélène, 1578

Des clignotants qui s'allument

Ah non ! J'ai beau les connaître par cœur, serinés depuis l'école primaire, ces vers de Ronsard ne me concernent pas. À soixante ans, je me sens encore jeune, devenir vieille, c'est pour demain, après-demain… Et, dans ce cas, je ne servirai pas de faire-valoir à un poète en mal d'inspiration !

À moi la plume et la parole.

Nous n'avons jamais vraiment cru, hommes et femmes du XXIe siècle, que la vieillesse nous rattraperait. Les progrès foudroyants de la médecine, l'évolution accélérée de la société et, plus particulièrement, la révolution du statut des femmes ont complètement occulté cette réalité du corps et de la vie : vieillir. Je mets au défi mes contemporaines de l'avoir anticipée comme le faisaient, sans doute mieux que nous,

nos grand-mères qui avaient des rôles bien définis dans lesquels se couler.
Et pourtant…

Le jour où j'ai découvert que j'avais une tête de tortue

Depuis le jour de mes soixante ans, j'entretiens des relations étroites, mais non dépourvues d'ambiguïté, avec les miroirs. J'aime pouvoir, à tout moment, y jeter un coup d'œil : j'en ai installé deux dans ma salle de bains, reproche à mes filles de ne pas en avoir suffisamment dans leurs appartements, profite des moindres vitrines qui renvoient mon reflet. Le mythe de Narcisse ne dit rien de l'âge de ce malheureux. Plus explicite, l'histoire de Blanche-Neige prend soin de préciser que c'est la belle-mère qui consulte son miroir, la jeunesse et la beauté de Blanche-Neige la préservant sans doute d'un tel souci.

C'est donc à l'occasion de mon soixantième anniversaire que j'ai commencé avec mon miroir l'épreuve de vérité. Pour une raison qui m'échappe, je m'entends déclarer ce jour-là, tout en soulevant le couvercle de la soupière :

– Je crois qu'est venu pour moi le temps de la frivolité.

Hypocrite, mon mari m'encourage, comme si je comblais son désir le plus cher : avoir enfin une femme frivole ! En moi-même, je m'inquiète un peu de cette déclaration intempestive. Est-ce que je souhaite vraiment voir s'ouvrir une nouvelle période dans ma vie ? La frivolité constitue-t-elle une aspiration profonde ou un pis-aller comme chez ces femmes qui s'efforcent de paraître jeunes en se maquillant de façon outrancière ? Je joue les grandes coquettes le reste de la soirée, mais consulte mon miroir dans le silence qui suit l'extinction des feux.

– Miroir, miroir, dis-moi que je suis encore belle, non pas évidemment *la* plus belle, mais encore un peu belle… Un tout petit peu…

Le miroir se tait.

– Alors, dis-moi que je suis encore un peu jeune, un peu désirable, un peu attirante…

Le miroir continue de se taire, mais souligne une ride creusée au coin de ma bouche, un sillon le long de mon nez, des friselures dans le cou auxquelles je n'avais pas prêté attention. C'est le visage de ma grand-mère que je vois se profiler ! Je me fâche, lui tends le poing, je n'aurai pas trop de beaucoup, beaucoup de frivolité pour cacher ce désastre !

Je tente une dernière fois de l'amadouer.

– Miroir, joli miroir ! Dis-moi que je suis

encore gaie, encore drôle, encore capable de rire…

Cette fois, il s'anime et déclare sans hésiter :

– Là-dessus, tu as encore un bel avenir devant toi. Mais il y a du travail à faire, beaucoup de travail…

Depuis, je continue de le consulter.

Mon miroir n'est pas toujours tendre. Les friselures du cou sont devenues des plis, les poches sous les yeux se gonflent, les sillons du nez rejoignent les rides qui encadrent la bouche, mais j'arrive à me consoler avec une silhouette encore mince à laquelle je tiens beaucoup. Cet été, hélas ! deux kilos supplémentaires sur ma balance m'ont vraiment déprimée et j'ai bien dû admettre que, ma taille n'étant plus ce qu'elle était, il me fallait élargir mes jupes. Mais bon, ce n'était pas encore dramatique et, si certaines photos n'étaient guère flatteuses (de toute évidence, c'était la faute du photographe), mon miroir me renvoyait – sous des angles bien choisis – une figure encore avenante.

Jusqu'au jour où…

La soirée avec mes neveux et nièces avait été très agréable. Ils m'avaient posé des tas de questions sur mon féminisme présumé. Sans trop avouer une ignorance du sujet que je jugeais crasse, j'avais pu évoquer quelques auteures qui m'avaient marquée.

Au moment de partir, mon neveu me proposa d'installer sur mon ordinateur une vidéo de la dernière réunion de famille. J'acceptai avec plaisir.

– Vous verrez, tante Ghislaine, ça rend une atmosphère très particulière. D'ailleurs, on vous reconnaît tout à fait…

Après leur départ, intriguée, je regardai la vidéo en question dont l'atmosphère, grise et feutrée par la neige, évoquait bien la fuite du temps. À l'intérieur de la maison, des membres de la famille buvaient un verre, grignotaient un sandwich… Soudain, je sursautai en me voyant assise sur un canapé en train de bavarder avec l'une de mes nièces. Je ne peux pas me décrire autrement que comme une vieille tortue avançant en tâtonnant une tête perdue dans les plis épais de son cou. Un double de moi-même qui m'horripila, et je fermai immédiatement l'ordinateur comme si ce geste suffisait à annuler une image insupportable.

« Une vieille tortue, passe encore, me gourmandai-je un peu plus tard, il y a des tortues tout à fait sympathiques dont les enfants aiment la compagnie. » Ce sont les plis du cou qui ne passent pas et surtout la tête qui avance, tendue pour mendier un peu de bienveillance et de sympathie. J'ai toujours prétendu me suffire à moi-même et je trouve pénible de découvrir que mon corps me trahit en demandant de l'aide.

Parce que c'est vrai, terriblement vrai que les fragilités de l'âge accentuent cette quête d'un regard bienveillant. Mais je déteste me l'avouer.

Au moins sur ce chapitre, mon miroir reste discret.

*

Je me suis souvent demandé si les hommes attachent autant d'importance que nous, les femmes, au fait de se regarder dans la glace. Qu'importe, le miroir est sans doute le témoin principal des changements dont l'âge marque notre corps et particulièrement notre visage. Il nous permet d'anticiper le regard que les autres portent sur nous, d'apprivoiser notre peur de vieillir.

Mais l'image qu'il nous renvoie change de façon presque insensible, ce qui nous permet de nous familiariser avec le passage du temps. C'est rarement lui qui déclenche cette constatation brutale : je vieillis, alors que la vidéo introduit un tiers dans cette relation, le regard des autres.

J'ai eu l'occasion de recueillir plusieurs témoignages sur ce premier choc qui laisse souvent un souvenir précis. Pour l'une, c'est le jour où on lui a proposé une place assise dans le métro. Pour l'autre, quand sa compagnie d'assurances a voulu lui faire signer un contrat « dépendance ». Pour un troisième, c'est de s'entendre appeler « papy ». C'est souvent le regard des autres qui éveille, de façon fulgurante, ce premier soupçon.

Ce regard des autres, cette attention bienveillante qui nous est offerte sans que nous l'ayons sollicitée, ce coup de main que nous n'avons pas réclamé, qu'il est pénible de les accepter ! Parce qu'ils nous renvoient à une réalité incontournable, insupportable : je vieillis.

Exaspération

Hier, revenant de garder mes petits-enfants, j'ai senti derrière le genou droit une douleur fulgurante qui m'a fait vaciller. La nuit tombait, la rue était quasi déserte à cause du froid et de l'opulence du quartier. Je me suis accrochée à un réverbère pour reprendre mon souffle en tenant en l'air le genou litigieux : « Cette fois, c'est la cata ! » ai-je marmonné pendant que défilaient à toute allure des images de petite voiture, de déambulateur, puis de simple canne au fur et à mesure que la douleur s'atténuait et que mon genou semblait rentrer dans l'ordre.

Toujours accrochée à mon réverbère (ce qui devait me donner une bizarre allure de poivrote !), j'ai posé le pied par terre avec précaution pour tenter de reprendre ma route.

– Vous voulez que je vous aide à traverser ?

Se méprenant visiblement sur mon intention, un jeune homme agité et volubile a glissé son bras sous le mien et m'a entraînée sur le passage clouté.

– Vous n'avez pas l'air bien ! Je vais vous conduire dans une pharmacie. Il y en a une encore ouverte un peu plus loin, c'est sur ma route (mais pas du tout sur la mienne), cela ne me pose pas de problème de vous y accompagner. Il ne faut pas plaisanter avec ces malaises (avais-je vraiment une tête à malaises ?). Vous savez, j'ai l'habitude, avec les scouts on va souvent aider les personnes âgées pour faire leurs courses (ah bon, je suis devenue une B. A. ?).

Il m'avait déjà fait traverser la rue et revenir sur mes pas à une allure si vive que j'en avais vraiment perdu le souffle, que mon genou (le gauche, cette fois, pourtant doté d'une genouillère) avait commencé à me faire souffrir et que j'étais désormais sûre d'arriver à la pharmacie dans un état pitoyable !

– Mais, monsieur, ai-je tenté de protester, je n'ai pas du tout besoin d'aller…

– Ta-ta-ta, on y est presque, je serai plus tranquille de vous savoir entre de bonnes mains.

La moutarde a commencé à me monter au nez. J'ai essayé de m'arracher au bras qui m'entraînait, mais ce n'était pas évident, d'autant qu'on arrivait dans une rue animée et que je n'avais pas envie de faire un esclandre.

C'est alors que j'ai entrevu au loin mon salut, annoncé par une extraordinaire coiffe de plumes d'autruche multicolores.

Le couple qui s'avançait vers nous, à pas lents, presque solennels sur le trottoir, était si surprenant que mon jeune sauveteur a ralenti et fini par s'arrêter, bouche bée. Une vieille, très vieille dame courbée sur sa canne, tout habillée de gris – du chapeau feutre qui avait connu des temps meilleurs jusqu'aux bas qui apparaissaient sous la jupe d'étamine à godets – fluette et en quelque sorte rétrécie au lavage de la vie, s'accrochait au bras d'un colosse noir habillé d'un ample boubou blanc, la tête couronnée de la coiffure qui avait attiré mon attention. Des plumes magnifiques, orangées, bleu canard, rouge vif, vert émeraude… de quoi réchauffer le cœur en cette morne fin de journée d'hiver.

Je me suis juré séance tenante que, lorsque

j'aurai rétréci comme cette vieille dame – ce qui ne saurait manquer d'arriver un jour –, j'exigerai pareil accompagnateur. Puis mes yeux, redescendant des hauteurs chatoyantes de la coiffure au bas du boubou blanc, ont découvert des chevilles si fines qu'elles ne pouvaient appartenir qu'à une femme.

– Viviane ! me suis-je écriée, faisant semblant de reconnaître cette force de la nature, vous me sauvez la vie.

Profitant de la stupeur du boy-scout qui me soutenait, je me suis rapidement dégagée de son emprise pour attraper triomphalement le bras libre de la forteresse noire qui traçait sa route dans ma direction.

– Excusez-moi, ai-je murmuré à la hâte en m'éloignant avec elle, ce jeune homme m'importunait et je ne savais pas comment m'en débarrasser. Vous voulez bien que je continue un moment avec vous ? Cela le découragera.

– Tu veux que je l'engueule ?

Je me suis retournée pour regarder la tête ahurie de mon protecteur, sans doute désolé de voir disparaître sa B. A. et qui m'indiquait encore, d'un air implorant, la pharmacie clignotant de tous ses feux à quelques mètres de là.

– Non, ce n'est pas la peine, ai-je répondu à ma nouvelle accompagnatrice, je vous suis déjà très redevable. D'ailleurs, je voulais vous dire, ces plumes de toutes les couleurs, c'est vraiment magnifique !

Le sourire que j'ai vu s'épanouir sur ses lèvres valait tous les détours et je le lui ai rendu tout en retirant mon bras du sien pour retourner chez moi.

Curieusement, je ne sentais plus mes genoux.

*

C'est clair, l'évidence du vieillissement ne s'impose pas d'un seul coup. Il y a des moments où l'on se sent vieux, où l'on se voit vieux et d'autres où l'on oublie.

Mais lentement se creuse le décalage, d'abord imperceptible, puis plus sensible entre ce dont je me sais capable et ce dont je reste capable, l'âge venant. Bien obligée de constater que mon rythme de vie ralentit, que la fatigue arrive plus vite, que mon corps ne suit plus comme j'avais l'habitude qu'il le fasse. Cela reste fugitif, comme l'adolescent qui s'étonne de ne plus reconnaître sa voix, son image dans le miroir. Un peu inquiétant, quand même, mais très vite on se rassure : « Oh ! Juste un coup de pompe, ça va passer. »

Ça passe, en effet. Puis ça ne passe plus vraiment. On a du temps, alors on s'adapte, tant bien que mal, à de nouveaux rythmes, à un nouveau mode de vie, on renonce insensiblement à beaucoup de choses.

Dans cet entre-deux où la réalité de l'âge s'impose peu à peu, l'aide proposée par autrui arrive comme un cheveu sur la soupe. Pire qu'un cheveu sur la soupe ! Elle renforce la crainte de douleurs invalidantes, d'une dépendance accrue, rappel plus pénible pour l'amour-propre que la douleur du genou.

Alors l'exaspération et la colère peuvent être salvatrices.

Des feux qui passent au rouge

Chaque matin, maintenant, il me faut de longues minutes pour me lever de mon lit : m'asseoir sur le côté en roulant en douceur, prendre appui sur les genoux pour déplier, un à un, les centimètres nécessaires de façon à me retrouver enfin debout…

Une vraie petite vieille.

Après quoi, je me déplace comme en apesanteur ou, dit plus brutalement, comme un zombie, ralentissant chaque mouvement pour éprouver que ça fonctionne encore et éviter le blocage toujours possible du dos, de l'épaule ou du genou.

Miracle ! Ça marche.

D'abord un arrêt aux toilettes avec les contorsions nécessaires pour m'en relever et un passage sous la douche, avec d'infinies précautions pour enjamber le bord de la baignoire. Ensuite, enfilage des multiples pièces qui composent l'armure ordinaire des personnes de mon âge : genouillères, bas de contention, protections pour les pieds, sous-vêtements Damart, sous-pull, pull, polaire… sans parler de l'appareil dentaire, des prothèses auditives, des lunettes et des petites pilules préparées la veille pour ne rien oublier.

Bref, pas loin d'une heure pour réussir à m'habiller, à me coiffer (oh là là ! les douleurs dans l'épaule en levant le bras avec le sèche-cheveux !) et, *in fine*, affronter le miroir :

– Miroir, joli miroir…

La réponse ne se fait pas attendre :

– Pas pire que d'habitude.

Reste à remettre en route les petites cellules grises qui ont besoin, elles aussi, d'être stimulées. Un peu de dérision ce matin fera l'affaire :

– Tu crois pouvoir tirer ta flemme longtemps comme ça ! Tu es là pour écrire, que diable !

Un autre jour, le traitement nécessitera plus de vigueur :

– Espèce de bourrique ! Et ça prétend pouvoir s'occuper de ses petits-enfants ! Bouge-toi un peu quand même.

Avec trois grands bols de thé pour arroser les tartines de cancoillotte, la journée peut enfin commencer.

Mais comment diable en suis-je arrivée là ?

Curieux comme le souvenir en est resté précis : les choses ont commencé le jour où je n'ai pas réussi à enfiler une aiguille.

À quel âge ? Je serais en peine de le dire, mais peu importe. L'âge où les failles qui semblaient jusque-là accidentelles, liées à une fatigue passagère, me sont apparues tout à coup comme les signes avant-coureurs d'un processus de dégradation. J'étais sur une pente, à mes yeux irréversible, savonneuse de toute évidence, qui irait en s'accélérant…

Pour faire court : je devenais vieille.

Je me rappelle très bien le mot rebondissant entre les parois de mon esprit étonné : vieille. Vieille ?

Puis j'ai oublié, accaparée par d'autres soucis. D'ailleurs, si je me souviens bien, je travaillais encore et ce n'étaient pas les soucis qui manquaient.

Après tout, il suffisait de ne plus coudre…

Les signes ont fini par se multiplier : une douleur dans le genou par-ci, des erreurs dans les comptes par-là. Par petites touches, discrètes mais évidentes – du moins à mes yeux –, la vieillesse prenait possession de moi. Elle étendait son territoire, profitant sournoisement d'un certain fatalisme propre à ma génération (« C'est l'âge qui veut ça »), d'une forme de paresse intellectuelle (« Pas grand-chose à faire de toute manière »), comme si, au fond, j'étais pressée de rejoindre la cohorte du quatrième âge et de revêtir l'uniforme approprié. Après tout, ce n'est pas désagréable de se voir céder une place dans le métro.

Plutôt que des signaux qui clignotent, j'en étais arrivée à voir partout des feux rouges : plus de ski (mais était-ce moi qui l'avais décidé ou les amis qui ne m'invitaient plus ?), plus de chaussures à talons (les douleurs aux pieds l'imposaient), pas de trottinette à Noël (là, ce sont mes enfants qui m'en ont dissuadée), plus question de courir derrière les bus, d'aller à la piscine, de porter des jeans, de partir pour la Chine…

Des clignotants qui passent au rouge, un espace qui se contracte, un rythme de vie qui ralentit…

Une vie qui rétrécit.

C'est là que j'ai commencé à entendre dans ma tête une voix qui allait me devenir familière et que j'ai appelée par la suite : la voix de mon procureur. Une voix critique, bien sûr, de celles qui aiguillonnent et bousculent les illusions… Une voix ironique, qui prenait parfois des intonations doucereuses, mais que je n'osais pas encore contredire.

– Bien sûr que ta vie rétrécit. Comme celle de tous les vieux et de toutes les vieilles depuis toujours. Où est le problème ?

Une vie qui rétrécit

Fête surprise pour mes soixante-dix ans.

Avec ma propension à oublier les anniversaires, ce genre de surprise fonctionne assez bien en ce qui me concerne. Je me retrouve donc, un soir de juin, rentrant chez moi après avoir joyeusement bu en petit comité, devant une foule d'inconnus masqués et brandissant des bougies dans la pénombre.

Quel choc !

Choc de la surprise d'abord. Je reste figée sur le seuil, comprenant peu à peu que les applaudissements me concernent et qu'il s'agit de fêter l'entrée dans ma soixante et onzième année. Choc ensuite de découvrir, passé le premier moment de stupeur, qu'il m'est très difficile de reconnaître la plupart des personnes qui m'entourent et qui ont décidé de garder leur masque tant que je ne les aurai pas nommées, chacune, par leur prénom. C'est à la voix ou aux fous rires que je finis par identifier la plupart d'entre elles sous les quolibets des autres. Mais certaines, immobiles, gardent le silence, me laissant tourner autour d'elles et les examiner sous toutes les coutures sans broncher. Elles m'impressionnent. Le malaise grandit au fil du temps que je mets à les identifier, culmine quand il me faut cinq bonnes minutes pour reconnaître ma propre fille. Je me sens devenir folle, gagnée par une hâte frénétique d'en finir. Il ne me reste plus qu'un masque à identifier. Riant nerveusement, je donne ma langue au chat. Peine perdue, le dernier masque ne bouge pas et je recule, paniquée devant cette statue du commandeur que j'imagine déjà faire un pas vers moi.

Pourtant, il est très beau, ce masque. Une véritable œuvre d'art. Découpé dans du contreplaqué et peint, il représente un personnage hiératique en position de lotus, coiffé d'un bonnet conique rouge dont les pans drapent ses épaules. Il porte un enfant vagissant sur les genoux. Bizarrement, six bras entourent sa tête, agitant chacun des objets différents. Cela pourrait évoquer une tête de Gorgone, mais ce ne sont pas des serpents qui sifflent autour de cette tête, seulement des bras évoquant de paisibles labeurs. En découvrir les détails m'apaise et, soudain, reconnaissant le personnage (et non la personne derrière), je crie avec un soulagement inexprimable : « Shiva ! »

À ma grande surprise, la statue s'anime, une main retire le masque et apparaît le visage de mon amie Zette, riant de bon cœur de ma méprise pendant que, autour de nous, les applaudissements crépitent.

– Mais non ! Tu ne te reconnais pas ? C'est toi que j'ai voulu représenter, les bras de Shiva symbolisant tes multiples activités[1].

– J'ai eu un moment de vraie panique !

– Ça fait toujours peur de se découvrir comme les autres vous voient.

Je réfléchis un moment en silence. Le jeu est terminé et le bruit des conversations a repris autour de nous.

– Mais j'aurais dû te reconnaître et je n'y suis pas arrivée. À force, c'était assez angoissant.

– Peut-être ne pouvais-tu pas trouver mon nom parce que tu avais pressenti que le masque te représentait. Il y avait de quoi être troublée.

– Alors tu me vois en déesse de la fécondité ?

1. Shiva est la déesse hindoue de la fécondité. Elle présente aussi des aspects destructeurs.

– Et vivant à cent à l'heure ! Ce qui, au pays et à l'époque de Shiva, n'était guère envisageable.

Depuis cette fête mémorable, le masque de Shiva me regarde de la cheminée de ma chambre où je l'ai posé. Certains jours, il me rappelle avec nostalgie ma vie d'autrefois et les nombreuses activités qui s'y superposaient aisément. D'autres fois, je le regarde avec commisération en me demandant, comme Léo Ferré – ou Aragon –, si c'est bien ainsi que j'ai vécu. « Est-ce ainsi que les hommes vivent[1] ? »

Non, décidément, cette vie ne me convient plus. « Bonne pour des goujats ! » dirait mon procureur. Certes, il peut ironiser, ces raisins-là me semblent trop verts car je ne suis plus en mesure d'en profiter, de les « goûter ». Raison de plus pour chercher une nouvelle façon de vivre, un autre modèle et, parfois, quand j'écoute le galop de mon cœur, je me prends à rêver à une autre déesse qui pourrait m'en indiquer le chemin…

*

1. Léo Ferré, « Est-ce ainsi que les hommes vivent », chanson extraite de l'album *Les Chansons d'Aragon*, Barclay, 1961.

Car il est évident que la vie rétrécit ! La mienne, en tout cas. Mon procureur a raison.

Elle a commencé par ralentir. Mes gestes sont devenus plus lents, plus maladroits. Hier, voulant aider ma fille, j'ai commencé à éplucher des pommes de terre, elle m'a gentiment repris l'épluche-légumes des mains. Je fatigue plus vite, bien plus vite... Même mon cerveau peine à cet exercice que j'assumais avec aisance : prendre des notes au cours d'une réunion tout en y participant activement. À présent, je m'abandonne au plaisir de la simple écoute. Improviser, ce que j'adorais, est devenu difficile. Maintenant, j'ai besoin d'anticiper, de prévoir pour me préparer aux tâches qui m'attendent.

Adieu, les huit bras de Shiva !

Insensiblement aussi, mes horizons rétrécissent. J'appréhende les voyages lointains dans des pays inconnus. Les soucis de santé, toujours présents désormais, fournissent un bon prétexte pour ne pas partir. L'espace physique, mais aussi celui des relations, se resserre. Je me replie davantage sur la famille et sur les amis proches, même si j'ai beaucoup de plaisir, quand l'occasion m'en est donnée, à découvrir des personnes d'âges et de situations différents des miens. Mais je n'en prends plus l'initiative. Je me contente d'attendre que ça me tombe dans le bec. J'ai aussi été confrontée à la question de poursuivre ou d'arrêter, ni trop tôt ni trop tard, les différentes activités dans lesquelles j'étais engagée. Il me semble que je ne m'en suis pas mal débrouillée, ne regrettant jamais d'avoir lâché quelque chose, même si venait me chatouiller, parfois, un petit pincement au cœur.

Non, Shiva ne me convient plus, il est temps de m'inventer une autre déesse.

Et d'ailleurs qui suis-je exactement ?

Suis-je une « retraitée » qui se donne du bon temps après des années de dur labeur professionnel ? À ce titre, j'ai bien évidemment le droit de flemmarder le matin, de voyager si j'en ai les moyens.

Suis-je une « personne âgée » dont la vie est en cours de rétrécissement insupportable (mais que je dois m'efforcer de supporter) ?

Suis-je simplement une « vieille » en passe de devenir une charge pour ma famille et pour la société (surtout si je me casse la figure dans ma salle de bains) ?

Ou, mieux encore, suis-je « la vieille » des contes, objet parfois de risée, mais aussi dépositaire d'un trésor de sagesse ?

Rien de moins fiable, de plus volage que les mots.

Bien sûr, la vieillesse revêt des formes multiples. Quand je regarde autour de moi, je me rassure en admirant ceux qui, à quatre-vingt-dix ans, gardent une forme incroyable. Je panique d'en voir d'autres sur la voie d'Alzheimer ou déjà incontinents, dépendants, gâteux. Mais c'est surtout l'inconnu dont la vieillesse est porteuse qui est redoutable. Comment faire des projets, à moyen ou long terme, quand l'incertitude du lendemain envahit tout, que n'importe quel pépin peut arriver sans crier gare ?

Derrière les mots par lesquels je cherche à me définir se cache une interrogation, qui me prend aux tripes quand j'y songe : « Ça va être quoi, ma vieillesse ? »

Et je me sens soudain fragile, si fragile…

À chacun ses stratégies

Alors j'ai regardé autour de moi, cherchant comment les autres vieillissent. Ou plutôt comment ils se défendent contre les menaces de l'âge et contre ce sentiment de fragilité que j'éprouvais si douloureusement. À ma grande surprise, j'ai découvert que chacun réagit différemment, adopte d'instinct une stratégie propre inspirée par son histoire, son mode de vie, son environnement. Autant de façons de résister que de personnes vieillissantes, finalement.

Mais ce qui m'a longtemps sauvée, ce qui sauve la plupart d'entre nous, c'est l'oubli.

Oublier son âge

Ce matin, 17 juin, je viens d'avoir soixante-dix-sept ans.

Ce n'est pas que j'ignore tout à fait la date de mon anniversaire… un peu quand même… juste ce qu'il faut pour éprouver une agréable surprise, en ouvrant mon ordinateur, de trouver deux « Joyeux anniversaire ». Mon frère, bien sûr, mais aussi une amie, ce qui est plus inattendu. Je les remercie chaudement de leurs vœux que j'anticipe être les seuls. Pas du tout ! Au fur et à mesure que la journée s'écoule, un coup de fil par-ci, un mail par-là, les clins d'œil sympathiques s'accumulent. Mes enfants y ont presque tous pensé, ce qui est vraiment méritoire car j'oublie très régulièrement leurs propres anniversaires.

Le surlendemain, je reçois un coup de fil sibyllin de mon gendre :

– Je suis désolé. Aucune réponse des Éditions Hergé. C'est quand même ennuyeux pour vous…

– Qu'est-ce que tu racontes ? Je n'y comprends rien.

– Mais si, voyons ! Il faut une autorisation des Éditions Hergé.

– Une autorisation pour quoi faire ? Tu veux publier chez Hergé ? Tu ne m'en as jamais parlé…

– Mais non, une autorisation pour dépasser la limite d'âge.

– Quelle limite d'âge ?

J'ai l'habitude des blagues de mon gendre, mais là, il commence vraiment à m'agacer.

– Enfin ! La limite d'âge pour lire *Tintin*. C'est bien précisé sur tous les albums : « de 7 à 77 ans… »

Vous me croirez si vous voulez, mais je n'avais pas percuté qu'à soixante-dix-sept ans (âge que je m'étais empressée de ne pas retenir), je n'avais plus le droit de lire *Tintin*, qu'il me fallait donc une autorisation de l'éditeur, que Frédéric avait cherché à obtenir… et que c'était sa façon de me souhaiter un joyeux anniversaire !

Cela m'a fait rire pendant au moins cinq jours, alimentant les bonnes raisons de me moquer de moi-même. Oublier son âge, quoi de plus normal ? Mais avoir eu la coquetterie de sembler ne pas trop y penser tout en appréciant que les autres y pensent, pour l'oublier dès le lendemain : j'avais fait fort.

… Ou bien le devancer

Cette histoire remonte à une trentaine d'années… mais je ne l'ai jamais oubliée.

Un coup de sonnette précipite les deux petites filles qui nous ont accueillis à la porte d'entrée.

– C'est papa ! C'est papa ! hurlent-elles en chœur.

Brouhaha dans la pièce voisine de celle où nous nous tenons, Jacques, mon mari, et moi, sagement assis à attendre. Ernst fait son apparition après s'être débarrassé de sa veste et de sa sacoche, portées religieusement par chacune de ses filles. Accolades, claques dans le dos, la vague inquiétude éprouvée par Jacques depuis notre arrivée s'envole à la vue de son camarade qui semble en pleine forme. Ils ont cinquante ans tous deux et quelques cheveux gris commencent à peine à argenter leurs tempes.

Nous n'avions pas vu Ernst depuis des éternités. À l'école, Jacques appréciait beaucoup l'humour et la vision très particulière des choses de ce camarade de promotion. Nous avions appris son mariage sur le tard (il avait pourtant juré qu'on ne l'y prendrait pas !) et la naissance des jumelles mais peinions à imaginer Ernst marié et père de famille. Aussi, quand les deux hommes s'étaient retrouvés au hasard d'une rencontre professionnelle, avions-nous accepté avec joie et curiosité son invitation à dîner.

Arrivant tout juste de province, nous étions à l'heure, c'est-à-dire visiblement beaucoup trop tôt ! Notre coup de sonnette a déclenché d'abord des bruits de galopade, puis des éclats de rire et des chuchotements dont nous n'entendions que des bribes derrière la porte : des voix d'enfants se chamaillant pour savoir qui allait ouvrir ! Nous commencions à nous inquiéter de ces longs conciliabules quand la porte s'est enfin entrouverte et que deux petites blondes nous ont, sans façon, sauté au cou.

– Papa n'est pas encore là mais il va rentrer, a gazouillé l'une en tortillant l'ourlet de son tablier à carreaux.

– Maman est à la cuisine pour préparer le dîner, a ajouté l'autre en retirant son pouce de sa bouche.

Elles nous ont débarrassés de nos manteaux en les pliant soigneusement sur une chaise, opération qu'elles semblaient maîtriser parfaitement et nous ont conduits vers le salon en nous tirant chacune par la main.

– Ça, c'est le fauteuil de papa, a repris la première qui semblait plus hardie sous le nœud bleu attachant sa crinière, tu n'as pas le droit de t'y asseoir. C'est exprès pour lui parce qu'il est vieux.

Jacques a considéré le fauteuil en question – qui paraissait en effet très confortable – avec un froncement de sourcils dans lequel j'ai cru discerner une vague inquiétude pour la santé de son camarade. Je me suis mordu les lèvres pour ne pas rire en demandant gravement aux petites où nous pouvions nous asseoir.

– Ça, c'est le fauteuil de maman, m'a indiqué la seconde, dont le nœud rose avait été un peu bousculé lors de la dispute derrière la porte, mais tu peux t'asseoir partout ailleurs, a-t-elle ajouté, conciliante.

Nous nous sommes donc assis gravement sur les sièges restants. J'ouvrais la bouche pour poursuivre la conversation avec nos petites hôtesses quand le nœud bleu, qui m'observait depuis un moment, a déclaré sur le ton d'un constat mûrement pesé :

– Tu as l'air un peu vieille, toi aussi, papa te prêtera peut-être son fauteuil.

C'est à ce moment-là que la sonnette a retenti.

– Plaisir de te revoir, mon vieux, ça fait un bail !

– Et beaucoup de choses nouvelles, complète Jacques en désignant les fillettes qui se poursuivent autour de la pièce en tirant sur leurs tabliers.

– Elles vous ont bien accueillis, au moins ? J'avais donné des consignes.

– Parfaitement bien, rigole Jacques, tu as encore de l'autorité !

– Et comment ! s'esclaffe Ernst. Au doigt et à l'œil !

Il a toujours la même chevelure hirsute (quoique un peu poivre et sel), le même visage hilare, la silhouette un peu lourde dans un complet que j'ai toujours connu fripé.

Une porte s'ouvre sur une jeune femme dont les petites sont la réplique exacte : cheveux blonds, tablier encore attaché autour de la taille par-dessus une jupe aussi virevoltante que celles de ses filles.

– Désolée de vous avoir fait attendre, lance-t-elle avec un sourire en passant les mains dans ses cheveux pour tenter de les remettre en ordre. J'étais à la cuisine et les filles savent que préparer un repas, c'est sacré !

– Je vous présente ma femme, ajoute Ernst en la prenant par la taille.

À tout seigneur tout honneur, la jeune femme se tourne d'abord vers son mari pour lui planter un baiser sur l'oreille, puis nous invite à nous rasseoir. Tandis qu'Ernst s'installe dans le fauteuil qui lui est réservé, elle frappe dans les mains :

– Vite ! Chloé, Clémentine, les pantoufles de papa et au lit.

Jacques lève un sourcil, signe chez lui d'étonnement profond, je réprime de nouveau une violente envie de rire, les petites disparaissent puis réapparaissent en apportant les pantoufles en question. Elles s'attaquent chacune à un pied de leur père et, en un tour de main, arrachent ses chaussures, lui enfilent les chaussons et quittent le salon, emportant les souliers comme de véritables trophées.

– Vous comprenez, explique Ernst jouissant de notre ébahissement, il n'est jamais trop tôt pour leur mettre dans la tête que l'on est vieux.

*

Devancer son âge, s'installer, encore actif, dans la posture confortable de se faire gâter par son entourage, cela se rencontre rarement, je l'accorde bien volontiers. Mais, sous des formes plus cachées, n'est-il pas tentant de jouer du temps qui passe ? Avoir la coquetterie, certains jours de grande forme, d'afficher quelques années de plus ? Multiplier les signes de décrépitude pour retenir un enfant qui vient trop rarement vous voir ? Que ceux qui ne se sont jamais livrés à ce jeu délicieux me jettent la première pierre !

Heureusement, les anniversaires viennent ponctuer nos vies. Les enfants, qui voudraient tellement grandir, les attendent avec impatience. Au mitan de la vie déjà, une fête n'est pas de trop pour faire passer la pilule. Soutien plus précieux qu'on ne croit, mais aussi rappel impitoyable de la réalité. Nous avons cruellement chanté à l'une de mes filles, le jour de ses quarante ans :

Si tu t'imagines
si tu t'imagines
fillette fillette
si tu t'imagines
xa va xa va xa
va durer toujours
la saison des za
la saison des za
saison des amours
ce que tu te goures
fillette fillette
ce que tu te goures[1].

Pour ma part, je ne suis pas de ceux qui refusent de fêter leurs anniversaires. Plus j'avance en âge, plus je constate les bienfaits des marques de sympathie dont ils sont l'occasion et les apprécie. Les anniversaires réinscrivent la personne âgée dans la chaîne des générations, confirment qu'elle y a une place, apaisent pour un temps ses angoisses de se sentir déphasée, déconnectée, inutile.

1. Raymond Queneau, « Si tu t'imagines », *L'Instant fatal*, Paris, Gallimard, 1948.

Dora est un chef-d'œuvre de fatalité surmontée. Les exercices de gymnastique quotidiens, les rendez-vous chez la coiffeuse, l'esthéticienne, la manucure, la pédicure, sans compter les kinésithérapeutes, masseurs, ostéopathes… ponctuent sa semaine pour lutter avec une efficacité remarquable contre les désastres de l'âge. À cette énumération non exhaustive s'ajoutent les consultations fréquentes des spécialistes qui veillent sur sa santé et sur son bien-être. On peut affirmer sans trop d'erreur qu'elle fait vivre plusieurs personnes et contribue efficacement au maintien de l'emploi dans sa banlieue résidentielle. Cette forme d'utilité sociale lui fournit une partie de l'énergie incroyable qu'elle déploie pour se maintenir en forme malgré le passage des ans.

La première fois que je l'ai vue, il y a bientôt trois ans, elle venait de franchir le cap des quatre-vingt-dix ans, mais je lui en attribuai aisément vingt de moins. Habitant Los Angeles, elle avait traversé l'Atlantique pour répondre à une invitation dans un château, en France. Certes, il lui avait fallu deux heures de sieste et trois heures de préparation minutieuse, mais son entrée dans le grand salon où nous étions réunis fut un spectacle prodigieux.

La main à peine posée sur le bras de son fils, chirurgien réputé à la retraite, elle s'est accordé quelques secondes de pause sur le seuil de la pièce, le temps que quelqu'un s'exclame : « Dora ! » en se précipitant vers elle, ce qui a fait tourner toutes les têtes. Elle avait su transformer l'élégance parfois tapageuse de ses concitoyennes en raffinement discret et la fragilité du grand âge en grâce. Le choix de teintes pastel, indécises, pour ses vêtements, ses cheveux et ses ongles accentuait l'impression qu'elle flottait littéralement en avançant vers le maître de maison.

Je me suis aussitôt juré de travailler ma démarche alourdie par l'arthrose – bien entendu, je n'en ai rien fait – pour arriver à cette perfection. De la soirée, je n'ai pu détacher mes yeux de cette presque centenaire qui fascinait tout le monde.

La seconde et dernière fois que je l'ai vue, il y a trois mois, elle nous recevait chez elle, ayant généreusement prêté sa maison à mon frère et ma belle-sœur pour fêter leurs cinquante ans de mariage. Cette fois, sa présence s'imposait de façon plus discrète, convenant mieux au second rôle qui était le sien. La prédominance des tons bleus, doux et gris, alors que, trois ans plus tôt, elle avait choisi tous les dégradés de rose à peine soulignés de vert vif, marquait bien ce choix. Des rides très fines donnaient à son visage une douceur émouvante et, n'étant plus éblouie, je me suis sentie plus à l'aise. Donner une image enviable du grand âge ne me paraissait plus aussi ridicule, et l'énergie que l'entretien de cette image supposait m'a finalement remplie d'admiration.

Il est clair que ce n'est pas ce chemin que je choisirai pour vieillir au mieux. J'en suis tout simplement incapable. Mais prendre un peu plus soin de mon apparence ne devrait pas être exclu de mes préoccupations. D'ailleurs, mes petites-filles me le font bien sentir.

Même si, quand je me regarde dans la glace, je crois entendre la voix de mon procureur ironiser :

– Si tu crois qu'un nuage de poudre sur le nez changera les choses !

*

La tentation des rustines est rarement menée avec les moyens, la sensibilité et la persévérance de Dora. Elle produit souvent des résultats plutôt pitoyables, l'excès de rouge soulignant les flétrissures du visage et les insuffisances de l'esprit. Elle est aussi, me semble-t-il, spécifique aux femmes (malgré l'expression bien connue de « vieux beaux »), les hommes privilégiant d'autres stratégies face aux angoisses de l'âge, s'accrochant plutôt au pouvoir, à l'influence, à la gloire.

Tatie Danielle

Dans un genre tout différent, le besoin désespéré de se maintenir au centre du monde, de compter pour autre chose que pour du beurre, ou plus simplement la peur de disparaître, peuvent inspirer des stratégies de défense qui nous dépassent et que nous n'aurions pas souhaité mettre en œuvre. Telle celle illustrée en son temps par *Tatie Danielle*.

À l'époque où le film est sorti, j'intervenais dans des maisons de retraite pour animer des groupes de parole entre soignants. Sans en avoir jamais vu, j'ai eu droit aux portraits d'une multitude de taties Danielle, aussi insupportables à soigner que pénibles pour leur entourage. À écouter les infirmières et surtout les aides-soignantes, une tatie Danielle suffit à empoisonner un service avec ses colères, ses injures ordurières, ses allusions malignes ou méchantes aux insuffisances des soignants, une façon carrément perverse de les monter les uns contre les autres et d'associer les autres résidents à ses éclats de voix… Bref, j'en arrivais à éprouver quelque pitié, voire de l'admiration pour ces femmes qui, me disais-je, avaient réussi à garder la capacité de réagir face à l'adversité, de manifester du caractère.

Je n'avais encore rien vu, ni surtout rien entendu.

Par la suite, j'ai connu de près deux taties Danielle. Appelons-les tatie A et tatie B. Ce ne sont pas les vicissitudes de l'âge qui avaient transformé leurs comportements. Toutes deux avaient commencé très tôt à exercer leur agressivité aux dépens de leur entourage, mais de façons très différentes.

Tatie A était d'une parfaite urbanité, d'une politesse sans défaut, semblant inconsciente des dégâts qu'elle pouvait exercer autour d'elle, en tout cas dans sa famille. Car comment qualifier une mère qui, sous des prétextes éducatifs, envoie sa fille à l'école avec un écriteau dans le dos : « J'ai encore fait pipi dans mon lit aujourd'hui » ?

Surprenante aussi était l'incapacité des membres de cette famille à réagir aux pures méchancetés exercées à l'encontre de l'un d'eux, tant elles étaient enrobées de sucre et de chatteries. Il était tout simplement impossible d'y croire ou du moins de croire qu'il y avait, derrière ces persiflages et ces sous-entendus destructeurs, une réelle intention de nuire.

Avec l'âge, ces différents traits s'étaient accentués. Pour certains, tatie A était une véritable sainte, supportant les infirmités de l'âge avec dignité et stoïcisme ; ceux qui avaient à subir ses avanies constantes osaient d'autant moins se plaindre que d'autres chantaient ses louanges. Ils se laissaient alors tout doucement glisser dans de sévères dépressions.

Tatie B, au contraire, était redoutée de tous et brouillée avec la plupart des membres de sa famille. C'était une force de la nature qui avait surmonté de nombreux malheurs par son énergie… et par sa capacité à utiliser les autres pour s'en sortir. Les jugements qu'elle portait sur tout étaient sans appel et, jeune femme, j'essayais autant que possible de l'éviter. Vieillir n'avait fait qu'accentuer les choses et j'imagine que ceux qui l'ont soignée en ont fait les frais.

Se sachant près de mourir, elle a voulu prévenir ses proches, à sa façon. Elle a donc appelé l'une de ses filles qui m'a rapporté leur échange.

– Allô, ma chérie, c'est moi. Les médecins pensent que je n'en ai plus pour longtemps…

– Toujours la même chanson ! Ne les écoute pas, tu as une énergie de fer.

– Bien sûr, mais, cette fois, je sens que c'est vrai et je voudrais te dire quelque chose d'important…

Pause pendant laquelle sa fille proteste mollement se préparant à recueillir les dernières volontés de sa mère.

– Mais…

– Il n'y a pas de « mais ». Je veux te dire que tu as toujours empoisonné ma vie et que je t'ai toujours détestée.

Sur ce, tatie B a raccroché.

Le lendemain, elle était morte.

*

Pourquoi diable, direz-vous, évoquer des cas, sans doute exceptionnels, qui n'ont apparemment rien à voir avec le fait de vieillir ? D'abord, je ne pense pas qu'il s'agisse de cas exceptionnels. Mais, surtout, l'âge révèle ce que la civilité et les bonnes manières ont l'habitude de cacher : nous sommes tous des taties Danielle en puissance.

C'est d'ailleurs l'une des craintes qui hantent bien des personnes vieillissantes et qu'elles osent rarement avouer : devenir insupportables et se laisser aller à dire toutes sortes de choses désagréables à leurs proches. Si cette crainte sommeille chez beaucoup d'entre nous, c'est que nous en avons vu des exemples. Ma mère, si raffinée et si généreuse, avait perdu quelques semaines avant sa mort toute forme de contrôle social, et j'ai gardé un souvenir douloureux des remarques déplaisantes qui sortaient de sa bouche à l'intention de ses proches, sans plus de souci de les choquer ou de les blesser.

Surtout, il y a la rage. La rage de vieillir. Elle peut tous nous saisir à un moment ou à un autre comme Françoise Giroud s'écriant : « Vieillir est infect ! » La rage de ne plus séduire, de ne plus pouvoir assumer une responsabilité, de capituler devant la douleur, de renoncer à un rêve… Une rage dont l'agressivité peut constituer un exutoire efficace. « Quand je s'rai vieux, je s'rai insup'portable »…, chantait Jacques Brel[1].

Les jeunes disent parfois, plus laconiques : « J'ai la rage. » Les personnes qui vieillissent n'auraient-elles pas intérêt parfois à l'avouer, à crier davantage leur rage, elles aussi, pour ne pas devenir des taties Danielle ?

Indéboulonnables

On les rencontre partout, dans la presse pour les plus célèbres, proches de nous pour les plus

1. Jacques Brel, « La, La, La », chanson extraite de l'album *En scènes : enregistrements inédits*, Barclay, 1998.

modestes. J'oserai dire plus fréquemment chez les hommes que chez les femmes, la fascination du pouvoir étant (pour combien de temps encore ?) plus marquée chez eux que chez elles.

Ne parlons pas des grands de ce monde qui jouent pourtant, qu'ils le veuillent ou non, un rôle de modèles pour les plus petits. Saluons quand même au passage la sagesse ou le courage des rares personnalités, comme le pape Benoît XVI, qui renoncent volontairement à leurs fonctions. La tentation est la même pour tous, maire de village, patron d'entreprise, responsable d'association : se croire indispensable et, en conséquence, s'accrocher à ses fonctions.

Avec les meilleures raisons du monde.

– Comment voulez-vous faire, madame ? Nous avons tout essayé, tout, pour trouver des jeunes qui seraient venus nous aider et nous remplaceraient aujourd'hui. Ça ne les intéresse pas, c'est tout ! Alors, il faut bien continuer…

– Vous êtes combien pour vous occuper de cette bibliothèque ?

– Nous étions cinq au départ. Il en reste trois. Vous nous demandez de faire du prêt de CD et de DVD, mais nous n'arrivons même pas à renouveler les collections !

– Vous avez des bandes dessinées ?

– Bien sûr ! *Spirou*, *Tintin*, *Astérix*… Les enfants adorent !

– Et pour les ados ?

– Ceux-là, vous savez, ça ne vaut pas la peine d'acheter, on ne les voit jamais…

Élue de ma communauté de communes et chargée de la culture, j'étais venue à la bibliothèque, fondée il y a quinze ans par un groupe de bénévoles, pour étudier avec elles les possibilités de développement. Ces dames, dont la plus jeune avait soixante-quinze ans bien sonnés, ont senti ma déception.

– Essayez vous-même. Les livres, ça n'intéresse pas les jeunes.

Deux ans plus tard, j'avais recruté trente bénévoles dans les villages voisins sur la promesse qu'ils seraient formés par des professionnels. Les bases de deux médiathèques étaient lancées, mais la blessure d'amour-propre de la vieille équipe a mis du temps à cicatriser. Leur bonne foi était totale : elles étaient irremplaçables puisque personne ne voulait les remplacer. Elles se croyaient donc obligées de s'accrocher, envers et contre tout, et plus elles s'accrochaient, plus cela décourageait les éventuels postulants, peu soucieux d'intégrer une équipe sérieusement vieillissante.

À présent que je me trouve dans la situation de ces dames, je m'efforce de me persuader que les jeunes feront aussi bien et probablement beaucoup mieux que moi. Mais je peine parfois à les laisser faire. Mon procureur, dont j'entends de plus en plus souvent la voix dans ma tête depuis que j'écris, a beau jeu de ricaner :

– Pas facile, ma petite, de passer la main ! Tu sais bien pourtant que tu es *out*. Ils n'osent pas te le dire…

– Encore heureux !

– Mais moi, je te le dis. Tu es complètement *out*. Mets-toi bien ça dans le crâne. Et laisse-leur la place.

La tentation de tout lâcher

> *Clémence Clémence*
> *A pris des vacances*
> *Clémence ne fait plus rien*
> *Clémence Clémence*
> *Est comme en enfance*
> *Clémence va bien*[1].

J'ai entendu récemment cette chanson d'Anne Sylvestre qui ouvrait un colloque sur le vieillis-

1. Anne Sylvestre, « Clémence en vacances », chanson extraite de l'album *Comment je m'appelle*, EMP Musique, 1992.

sement. Dans les années soixante, « Clémence en vacances » avait fait un tabac nous paraissant, à nous les femmes, exprimer une partie de nos revendications. Pourtant, en 2012, devant ce public de septuagénaires, elle semblait éveiller plus de souvenirs émus que d'aspirations véritables.

Ne rien faire ?

Dans la chanson, tout le village s'émeut de l'attitude douce et obstinée de Clémence. Ne rien faire à l'âge de la retraite était l'apanage des hommes, qui se retrouvaient au bistrot ou sur le terrain de boules. Les femmes, elles, assignées toute leur vie à la cuisine et aux tâches ménagères, ne prenaient jamais leur retraite de ce qui constituait à la fois leur fardeau, leur justification et leur orgueil.

Sauf Clémence.

Aussi écoutions-nous Anne Sylvestre chanter « Clémence » comme d'autres écoutent « L'Internationale » : religieusement. Elle nous semblait à la pointe du combat des femmes, défiant l'ordre du mariage – le pauvre Hippolyte ne sait plus à quel saint se vouer pour recoudre ses boutons – et celui du village réunis.

Clémence ne risquait-elle pas de faire des émules ?

Les choses me semblent avoir bien changé depuis le succès de cette chanson. Ou, plus probablement, c'est moi qui ai changé, considérant que c'est la chance des femmes de ne jamais s'arrêter de laver, de cuisiner, de jardiner... du moins tant qu'elles le peuvent. Tout simplement de ne jamais prendre leur retraite de vivre.

Ne rien faire est rarement le rêve des femmes de ma génération.

Il reste qu'en faire de moins en moins est une tentation forte chez beaucoup... À l'inverse des « indéboulonnables », il y a ceux qui se recroquevillent sur leurs intérêts immédiats, renoncent à toute forme de participation ou de solidarité, s'enferment dans la plainte et le ressassement de leurs malheurs qui, d'ailleurs, ne sont pas tous imaginaires.

D'autres encore s'effacent tout doucement, disparaissent sans faire de bruit, soucieux avant tout de ne pas peser sur leur entourage. J'en veux pour confirmation cette lettre d'un vieil ami qui m'a serré le cœur.

« Chère Madame,

Ne vous donnez plus la peine de nous envoyer le programme des concerts et des conférences que vous organisez chez vous. Ma femme et moi ne sommes plus en mesure de nous y rendre du fait de notre âge et de nos infirmités. »

L'effacement, ultime politesse des personnes très âgées qu'une société ne veut plus voir ?

Cet effacement, pour des raisons d'inutilité publique auxquelles elles consentent d'elles-mêmes, me semble un danger plus grand pour notre humanité que la façon dont d'autres s'accrochent désespérément à leurs charges. Il signe à terme la disparition silencieuse de ceux dont l'utilité, hors la simple envie de vivre, ne vient plus justifier l'existence, qui se sentent de trop et en acceptent le couperet.

Est-ce bien cela, être humain ?

Moins que rien

– Du vent, tout ça, tes bons sentiments, c'est du vent ! grogne soudain la voix de mon procureur qui commence à devenir envahissante. Tes vieux, ils ont bien raison de s'effacer, ils n'ont même que ça à faire. Le respect, la dignité, c'est bien fini et depuis longtemps. Parce que les vieux et les vieilles, on n'en veut plus, on ne veut plus les voir en tout cas. Ne va pas imaginer que tu échapperas au sort commun.

– Comment ça, on n'en veut plus ? Nous faisons partie de la société quand même ! Nous lui avons rendu assez de services…

– Tu rêves ! La reconnaissance, ça ne marche plus. On a besoin de gens efficaces, de battants. Sitôt que tu perdras, si peu que ce soit, tes jambes, tes bras ou ta tête : à la trappe, direct pour la maison de retraite.

– Hé là ! Calme-toi. Je n'ai pas du tout le sentiment de passer à la trappe ou de devoir y passer.

– Tu verras… Tu verras. Tu n'es déjà plus grand-chose aux yeux de la société, demain tu ne seras plus rien. Pis encore, tu feras peur parce que la maladie, la mort, personne n'a envie d'y penser, chacun espère y échapper. Alors un conseil : Écrase-toi.

– Comment ça, m'écraser ?

– Dérange le moins possible, ne fais pas de bruit, fais-toi oublier.

– Mais enfin j'ai de l'expérience, des savoir-faire, des choses à dire…

– … qui ne valent plus rien, mets-toi ça dans la tête. Tu deviendras inutile, et gênante par-dessus le marché.

– Gênante… et pourquoi ça ?

– Ça crève les yeux pourtant !

Mon procureur se tait, avec un air supérieur qui me tape sur les nerfs. Sans doute me fait-il maronner avant de m'asséner un coup qu'il juge définitif. Vexée, je contre-attaque :

– Tout le monde ne réagit pas comme toi. Mes petits-enfants sont suspendus à mes lèvres quand je leur raconte des histoires, mes amis du groupe philo écoutent ma façon de voir les choses…

Le procureur balaie mes arguments d'un grand effet de manche :

– Du vent, tout ça ! Quand tes petits-enfants tourneront ados, ils auront mieux à faire qu'à t'écouter. Et tes amis du groupe philo, ils ont le même âge que toi ! Occuper les vieux, tu peux encore le faire, mais ça ne change rien au problème.

Pointant le doigt vers moi, il ajoute d'une voix qu'il réussit à rendre à la fois grandiloquente et fielleuse :

– Vous, les vieux, vous coûtez cher. Je ne sais pas si tu es au courant.

Évidemment que je suis au courant ! Je lis la presse, quand même… Les rapports qui se multiplient sur le coût de l'Aide aux personnes âgées, des maisons de retraite, le trou de la Sécurité sociale, sans compter les débats qui font rage autour de l'euthanasie. Ne font-ils pas sentir aux vieux (aux très vieux, bien sûr !) à quel point ils sont de trop ?

Un raclement de gorge interrompt ces considérations pessimistes. D'un air un peu gêné et bonasse qui cache, je l'espère, un regret pour ses excès précédents, mon procureur conclut :

– Je voulais parler d'une tendance générale. La société, que je représente, ne respecte plus les vieux pour ce qu'ils sont ou ce qu'ils ont été. Elle les accepte ou non en fonction de leur utilité, de ce qu'ils rapportent ou de leur coût. Un rapport qualité/prix en quelque sorte.

Et il disparaît, drapé dans sa dignité.

Des rôles qui se transforment

En allant chercher mes petites-filles pour passer l'après-midi au parc, j'en riais encore : « Me voilà bien, me dis-je, avec un rapport qualité/prix épinglé dans le dos ! D'abord, je n'en suis pas encore là, pas encore bonne à jeter à la poubelle. La preuve, je vais garder mes petites-filles. Et puis nous, les vieux, enfin disons plutôt les presque vieux, on ne va pas se laisser faire ! D'ailleurs, qui parle de "vieux" ? Je ne me sens pas si vieille que ça, différente, oui, différente de ces agités qui font rouler le monde à une telle vitesse qu'on en a le tournis… et le respect des vieux se perd dans la nuée des chiffres et des statistiques qui s'abattent sur le monde comme autrefois les sauterelles sur l'Égypte. Certes, je ne revendique pas le statut des vieux du temps passé. Respectés, peut-être, mais aussi enfermés dans un costume sur mesure dont il ne s'agissait pas de sortir : habillement, mode de vie, place dans la société, tandis qu'aujourd'hui… »

Je suis arrivée devant chez Pierre et Laurence dont les filles m'attendaient avec impatience et nous nous envolons toutes les trois pour le parc.

Revendications

Me voilà donc assise sur un banc, jouissant des derniers rayons d'un soleil d'hiver qui a fait sortir, ce dimanche de février, une foule de familles dans les rues et les jardins publics. Tournant entre mes doigts un gobelet de café, j'en hume l'odeur avec délice pendant que Marion et Suzanne se pourlèchent les babines avec la glace que je viens de leur offrir. Nous nageons toutes les trois en plein bonheur.

C'est alors qu'une dame vient s'effondrer à côté de moi dans un état d'agitation évident.

– « Grossier », il n'y a pas d'autre mot, c'est grossier…

Surprise, je me tourne vers elle, tirant à moi les écharpes qui encombrent le banc. Me voyant prête à un bout de causette, les filles s'envolent pour une course vélo contre trottinette.

– Vous n'avez pas l'air bien, madame…

– En colère, je suis en colère, voilà ce qu'il y a ! Ces jeunes parents sont d'un sans-gêne…

– Comment ça ?

– Ils abusent vraiment, ils abusent de leurs vieux.

Je la regarde plus attentivement. Les cheveux gris en chignon sont, certes, ébouriffés et le manteau un peu démodé, mais je ne la trouve pas si vieille que ça. Je le lui dis. Elle me regarde enfin, comme si elle découvrait ma présence, et un sourire très jeune relève les coins de sa bouche.

– Vous trouvez ?

– En tout cas, pas plus vieille que moi ! déclaré-je en lui rendant son sourire.

– Bon, alors on peut s'entendre.

Laissant traîner les yeux sur les écharpes et sur le ballon, elle enchaîne :

– Vous gardez vos petits-enfants ?

– En effet. Vous aussi ?

– C'est justement le problème, poursuit-elle en fronçant les sourcils et en retrouvant la véhémence de ton avec laquelle elle s'était effondrée sur le banc, c'est quand même fort de café ! Voilà trois mois que je garde mon petit-fils tous les dimanches pour que les parents puissent profiter de leur week-end et, une fois de plus, on me renvoie chez moi comme une malpropre.

– Comment ça, une malpropre ?

– Enfin, je m'entends ! On m'offre une tasse de thé, un beau sourire et je rentre chez moi réchauffer ma soupe ! C'est bon pour les vieux, la soupe, et après, dodo. Ils ne sont bons qu'à ça.

– À se coucher tôt ?

– Oui, peut-être... Enfin, je voulais dire à jouer les baby-sitters, bénévoles évidemment ! Ça coûte moins cher.

Je profite d'une pause dans ce discours rageur pour glisser une question :

– Quel âge a votre petit-fils ?

– Dix-huit mois, il est vraiment adorable. C'est un régal pour moi de m'en occuper.

Le ton de voix s'adoucit quand elle évoque son petit-fils, mais remonte aussitôt pour reprendre son réquisitoire.

– Dîner seule, toujours dîner seule. Ils croient que c'est drôle ! J'aimerais bien, moi aussi, être invitée au restaurant de temps en temps. Ou même simplement chez eux mais pour parler d'autre chose que de coliques ou de marques de poussette...

Là, je compatis de tout cœur ! C'est vrai, on n'est pas que des grand-mères, on ne s'intéresse pas seulement aux questions d'éducation, à faire des risettes ou à raconter des histoires pour endormir la marmaille, on...

Ce « on » revendicatif qui surgit brusquement dans ma tête me fait finalement rire de la situation dans laquelle ma voisine m'a entraînée et qui ne correspond pas vraiment à l'euphorie où je nageais avant qu'elle vienne m'exposer ses rancœurs. Preuve que je n'y suis pas indifférente, à ses rancœurs, qu'il m'arrive de râler, moi aussi !

– Je suis bien d'accord avec vous, continué-je gaiement. On devrait fonder un Mouvement des grand-mères, on parlerait de nous dans la presse, nous réclamerions l'IGR pour nos journées de garde…

– L'IGR ?

– L'Invitation garantie au restaurant…

– Hé ! vous avez bien de la chance, vous autres, interrompt une voix d'homme dont je n'identifie pas tout de suite l'origine. Vous avez le droit de vous occuper de vos petits-enfants, de les voir, de leur souhaiter leur anniversaire…

Je tourne la tête pour découvrir un vieux monsieur, assis de l'autre côté du banc et qui, sans doute, suivait notre conversation depuis un bon moment. Il continue sur sa lancée, les mains serrées sur le pommeau de sa canne et le cou presque dévissé, sous la crinière poivre et sel, à force de tourner la tête vers nous.

– Mes enfants se sont brouillés avec moi pour

je ne sais plus quelle bêtise et je n'ai plus aucun droit de grand-père.

Un coup de canne asséné sur le sol ponctue son discours.

– Eh bien, vous pourriez adhérer à notre mouvement, rétorque ma voisine. Si vous avez des revendications valables, bien entendu.

– Évidemment que j'en ai, madame, mes droits de grand-père !

– Je reconnais, concède ma voisine avec humeur, que ne pas voir mon petit-fils serait pire que tout.

– Vous voyez bien ! triomphe le grand-père déchu de ses droits, fauchant le vide avec sa canne. Vous avez beaucoup de chance, croyez-moi ! Beaucoup de chance.

Le soleil se couche, le froid commence à tomber et je me lève pour appeler Marion et Suzanne. Quelque peu troublée par les récriminations de mes voisins qui continuent de se chamailler, je les salue et regagne l'appartement de Pierre et Laurence, heureuse de m'y réchauffer avec un thé brûlant.

Me revient, en rentrant chez moi, le souvenir de ce livre délicieux, déniché récemment au hasard de mes flâneries en librairie : *Mémé*[1].

1. Philippe Torreton, *Mémé*, Paris, L'Iconoclaste, 2014.

Un vibrant hommage rendu par un petit-fils à sa grand-mère, une mémé d'autrefois qui ne semblait guère se préoccuper de son identité profonde.

Je ne suis pas Mémé mais, après tout, je peux assumer de l'être parfois.

*

Voilà qui conforte quelque peu les propos de mon procureur !

Rapport qualité/prix pour évaluer l'utilité des vieux, révolte impuissante de ces derniers qui enragent... Je ne me laisserai pas enfermer dans ce piège-là, car la société change à toute allure et les rôles traditionnels des personnes âgées s'en trouvent complètement modifiés. Vers le milieu du XXe siècle est apparu un « troisième âge », celui des retraités en pleine possession de leurs moyens, capables d'une multitude d'activités. Leur nombre grandissant, leur pouvoir économique, leurs compétences ont donné à ces retraités – dont je fais encore partie malgré les clignotants qui s'allument ! – un poids considérable. Surtout, n'ayant plus les contraintes du travail ou des enfants à élever, une liberté inconnue, une liberté dont, pour ma part, je jouis intensément.

La véritable rupture, celle que j'appréhende, se situe au « quatrième âge », celui d'une dépendance accrue et, trop souvent, de la maladie. Ce sont ces vieux et ces vieilles-là que stigmatise mon procureur et, quoi qu'il en dise, ce n'est pas encore mon cas.

À ce troisième âge, bien sûr, la société continue de proposer des modèles : consommation de loisirs et de voyages, bénévolat associatif, gardes d'appoint pour jeunes parents débordés… Nous sommes, nous les retraités en voie de vieillissement, devant une multiplicité d'uniformes, depuis les plus traditionnels jusqu'à ceux que la société de consommation a intérêt à fabriquer. N'empêche que, dans cette abondance, chacun, chacune (les femmes étant sans doute plus douées pour la couture…) peut se tailler un modèle à sa convenance.

Des uniformes taillés sur mesure

J'en ris encore !

Ce n'est pas la presse des heures de pointe, mais il y a quand même beaucoup de monde dans le métro ce mercredi soir de février. J'ai réussi à accrocher avec fermeté un poteau, ce qui me permet de regarder tranquillement autour de moi, et mon œil est attiré, à l'autre bout de la rame, par des cheveux d'un rouge éclatant entre deux hautes silhouettes sombres qui me tournent le dos. Quelque chose cloche dans ces cheveux. Ils surmontent de façon bizarre une tache blanche que j'identifie difficilement de loin : Un journal ? Une écharpe qui remonte très haut ?

Piquée par la curiosité, je me glisse comme je peux à travers la foule. Je m'aperçois alors qu'il s'agit tout simplement de deux niveaux de cheveux de couleurs différentes : des bouclettes serrées, d'un rouge éclatant, garnissent le sommet du crâne, de courtes mèches blanches tirant sur le jaune l'étage en dessous. L'effet est saisissant, surtout quand je m'aperçois que l'ensemble appartient à une dame d'âge respectable qui distribue des bonbons à deux enfants serrés devant elle sur un strapontin. Sa bonne figure de pomme ridée n'évoque en rien le punk au crâne rasé que je m'attendais à trouver, mais l'habillement est assorti aux frisettes rouges : écharpe rose très pâle, manteau violet vif, pantalon orange, monture de lunettes vert fluo. On sent une protestation contre la monochromie des noirs et des gris qui, à l'unisson du temps, habillent les usagers du métro. À moins que ce ne soit une façon de contester l'effacement exigé de notre âge commun.

À côté des enfants est assise une autre mamie, d'un genre différent. Je vois surtout son bonnet de simili léopard enfoncé jusqu'à des oreilles percées de petites boucles en argent comme les vieilles femmes de mon village en portaient il y a trente ans. Une écharpe, probablement tricotée main, est sagement croisée dans l'encolure de son imper beige et elle serre un sac en Skaï contre sa poitrine tout en jetant des regards méfiants autour d'elle. Je l'imagine venant de province et mal à l'aise dans la foule du métro.

Et moi, une grand-mère aussi, mais du genre qui se voudrait distingué : manteau noir, écharpe bordeaux, lunettes d'intello et mèches blanches balayées.

Nous constituons assurément un échantillon assez hétéroclite, la mamie aux frisettes rouges, la mamie « tradi », comme on le dit d'une baguette de pain à l'ancienne, et la mamie bon chic bon genre.

– Il ne me reste qu'un bonbon, explique la grand-mère aux frisettes rouges s'adressant au petit garçon, je ne peux pas le couper sans couteau (les yeux du petit disent clairement qu'il ne voit aucune nécessité de le couper)… Alors on attend d'être à la maison, poursuit-elle, impitoyable, ou bien je le donne à Sarah parce que c'est l'invitée.

Aussitôt dit, aussitôt fait, la dénommée Sarah se saisit du dernier bonbon et l'enfourne prestement dans sa bouche. J'ai trop envie d'intervenir et lance au petit garçon qui regarde d'un œil navré le bonbon disparaître :

– Et puis c'est une fille, raison de plus pour lui offrir le bonbon !

– Ça, c'est bien vrai, renchérit-elle tandis que je vois l'ombre d'un sourire se dessiner sur les lèvres de la mamie tradi.

Je me tourne vers cette dernière, espérant la faire participer à la discussion.

– N'est-ce pas, madame, qu'il faut leur apprendre les bonnes manières ?

Elle ne peut évidemment qu'opiner, ce qu'elle fait d'un air revêche. Les yeux noirs et brillants du petit garçon me fusillent, mais je n'en ai cure, j'ai atteint mon but : engager la conversation.

– Oh ! On peut pas dire, ils sont bien gentils, reprend la dame aux frisettes, je les ramène chez leurs parents.

– Ils ont quel âge ?

– Tout juste quatre ans.

Je poursuis avec entrain :

– Moi, j'en ai deux de cinq ans. Elles commencent à devenir très coquines…

– Ah ben, ceux-là, pas du tout. J'aime bien les

garder, lui et sa petite voisine. Mais il va falloir que je vous quitte. On descend à la prochaine.

Ravalant ma déception de ne pas prolonger la conversation, je lui lance au moment où les portes s'ouvrent :

– Vous avez une coiffure superbe !

– Ah ! bon, vous trouvez ?

Et avec un clin d'œil complice dans ma direction tout en poussant les enfants dehors :

– C'est pas l'avis de tout le monde…

Ce n'est probablement pas l'avis de la mamie tradi vers qui je me tourne ensuite. Elle vient de se lever, se préparant sans doute à descendre à la prochaine station et son expression marque un dégoût certain. Je l'entends marmonner :

– Ça se croit malin ! Pour une grand-mère quand même…

*

Autant de modes vestimentaires, autant de rôles différents.

Comme toutes les femmes âgées de sa génération, ma grand-mère Catherine portait un chignon poivre et sel et s'habillait de noir. Ma mère croyait avoir révolutionné les choses en coupant et en teignant ses cheveux. Naturellement, les vêtements noirs n'étaient plus de mise à son époque, et je l'ai déposée dans son cercueil en tailleur rose pâle.

Je constate aujourd'hui que les robes noires, les cheveux longs et même les chignons sont devenus l'apanage des jeunes. Nous, les personnes d'un certain âge – ou plutôt d'un âge certain –, étions, jusque récemment, quasi assignées aux cheveux blancs coupés court, pantalons sombres et souliers plats. Une mode qui dit bien ce que la société attend de nous : discrétion, conformisme, effacement progressif.

Mais j'observe dans la rue de plus en plus de transgressions à cet ordre vestimentaire établi. Les Adidas de couleurs différentes aux pieds, c'est sur une dame aux cheveux blancs faisant son footing au Champ-de-Mars que je les ai remarquées, bien avant que cette mode ne commence à se répandre. Protestation contre un modèle imposé ? Sans doute, mais aussi possibilité nouvelle pour les personnes âgées de choisir non seulement une façon de s'habiller mais une façon de vivre.

Ainsi il y a des gens qui, tranquillement, sans faire de bruit, vivent à côté des rôles que leur famille ou leur entourage attendent d'eux. Certains prennent même plaisir à entretenir le secret, à ne montrer d'eux-mêmes qu'un aspect de leur caractère, souvent le plus rébarbatif, pour éviter toute intrusion dans leur espace personnel.

Je me rappelle la stupeur des enfants d'un ami en découvrant, le jour de son enterrement, une église pleine à craquer de personnes inconnues. Cet homme, qui passait dans sa famille pour un véritable ours, était apprécié dans son quartier pour sa courtoisie, sa chaleur humaine et avait su se créer une vie relationnelle exceptionnelle, complètement ignorée de ses proches.

Une façon d'affirmer sa liberté.

Ma façon d'être grand-mère

Comme la plupart de mes contemporaines, j'assume complètement ce rôle de grand-mère et cela pour mon plus grand plaisir. Mais, comme beaucoup d'autres, je revendique le droit de l'exercer à ma façon.

Je n'ai, hélas ! pas grand talent pour choyer mes petits-enfants, n'ayant jamais été une mère très démonstrative et excluant toutes formes de friandises de mes placards. Bref, je ne pourrais tenir longtemps la place de « mémé ». Pour autant, j'ai toujours refusé le rôle d'éducatrice, estimant que c'est aux parents d'apprendre à leurs enfants à ne pas mentir ou à se laver les mains avant les repas. D'ailleurs, j'en serais tout simplement incapable. Mais j'adore raconter à mes petits-enfants des histoires, choisir des livres adaptés à chacun, lire pour eux à haute voix même quand ils maîtrisent cet art depuis belle lurette. Je me souviens d'une lecture de *Mary Poppins* qui déclenchait de tels fous rires chez moi et chez mes auditrices de sept ans que les douze ans sont venus nous rejoindre, gagnés par notre jubilation collective.

Je me suis beaucoup amusée aussi à leur présenter les différentes prothèses dont je suis affligée comme des objets enviables : genouillères comme les vrais sportifs, appareils auditifs que je peux fermer quand ils crient trop fort ou réclament des bonbons et même dentier qui m'évite de fâcheuses séances chez le dentiste. Et s'il m'échappe, parfois, quelques gros mots, je le présente comme un privilège de l'âge auquel ils n'accéderont que quand ils seront très, très vieux…

À propos de gros mots, je ne résiste pas à raconter l'histoire suivante.

Mes neuf petits-enfants, entre cinq et treize ans, se retrouvent chez moi, chaque année sans leurs parents. C'est la fameuse « semaine des cousins », instituée depuis des temps immémoriaux, semaine dont ils se réjouissent tous. Cette année, les trois garçons découvrent le pouvoir des mots, ou plus précisément des gros mots, pour parader devant les filles. Succès complet évidemment, en particulier auprès des deux plus petites, Suzanne et Lucile, ravies de répéter ces mots inconnus dont elles soupçonnent l'intérêt et qui ne se privent pas de clamer leurs nouvelles découvertes.

« Putain de vous ! » claironnent-elles en entrant dans la cuisine, avides de tester mes réactions.

D'abord, Mamilène fait mine de ne pas entendre (la surdité a du bon !). Comme elles insistent, je leur rabats le caquet en déclarant qu'elles répètent comme des petits perroquets ce qu'elles ne comprennent pas. Vexées, elles sortent de la cuisine où j'officie. Mais je suis bien obligée d'intervenir auprès de Gabriel, le plus inventif en la matière. Je lui soutiens que lui non plus ne comprend pas ce qu'il apprend aux petites (ce qui n'est pas tout à fait vrai) et le défie de m'expliquer ce qu'est un bordel ou la différence entre pute et putain. Les autres cousins et cousines suivent avec passion. J'explique alors que le crime n'est pas de dire des gros mots mais de les dire à tort et à travers. Nous allons chercher un *Petit Larousse*. Hélas ! celui que je possède n'entre guère dans les subtilités de la langue des cours de récréation. Je promets alors à Gabriel de lui offrir un dictionnaire des gros mots pour qu'il sélectionne ses trouvailles avant d'en faire profiter les petites.

Il faut avouer que j'ai eu du mal à trouver le livre en question ! Gabriel a dû me rappeler plusieurs fois ma promesse. Mais j'ai fini par le dénicher et les parents ont accepté de jouer le jeu en définissant des règles d'usage avec l'intéressé. Quelques jours plus tard, j'ai trouvé le fameux dictionnaire caché sous un coussin du canapé. Cela m'a paru de bon augure : il y a des choses précieuses qui méritent quand même le secret.

J'ai remis discrètement l'objet où je l'avais trouvé.

Plus tard, je me suis mise à pratiquer l'échange des compétences et des savoirs. Contre les récits de la Bible ou de la mythologie grecque dont ils raffolent, je reçois des leçons d'ipad ou d'Internet. Voire de grammaire le jour où je me suis aperçue que la concordance des temps (qui n'est pas mon fort) était au programme de leur classe. Évidemment, ils adorent me faire réciter, surtout quand je fais des fautes ! Mais là encore, c'est sous l'emprise de la nécessité que j'ai adopté cette manière de faire, larguant non sans mal mes prérogatives de détentrice des savoirs (j'ai été prof, il ne faut pas l'oublier) au profit d'apprentissages réciproques. Sinon, comment poursuivre cet échange intergénérationnel qui me semble si précieux, pour moi comme pour eux ?

Petit à petit, nos relations évoluent en fonction de mon âge et du leur. Nous tâtonnons ensemble pour les définir comme à l'occasion du « conseil des cousins », institué il y a deux ans pour les associer à l'organisation de la fameuse semaine de vacances sans les parents. Consciente de l'importance des rites, j'ai inauguré ce conseil par une distribution de sucettes (on voit que je ne répugne pas à des concessions démagogiques). Au début, le choix du parfum des sucettes a occupé une bonne partie du temps du conseil. Les disputes auxquelles il a donné lieu ont permis de définir des ordres de préséance, puis de réglementer la prise de parole (monopolisée par les garçons) et la fonction de secrétaire de séance (que les filles s'arrachaient). Les plus petites ont même pu exprimer leurs revendications… bref, tout un apprentissage de la vie démocratique.

J'avoue que, l'âge et la fatigue aidant, je me sens parfois débordée, ce qui n'est profitable à personne : eux qui ont besoin de sentir un garde-fou, moi qui perds la distance et la mesure nécessaires. Avec parfois le sentiment d'avoir ouvert la boîte de Pandore (ou, plus poétiquement, l'outre des vents imprudemment prêtée à Ulysse par Éole). Le changement, voire l'inversion des rôles, n'est pas sans danger en matière de respect des limites et de l'ordre des générations. Mais la confiance que me font les parents soutient la confiance que je fais à ces adolescents cherchant à voler de leurs propres ailes.

*

L'espèce des grands-parents est donc extrêmement variée. Elle remonte, nous semble-t-il, à la nuit des temps. Mais elle y existait sans doute à l'état d'exception car, au XIXe siècle, la plupart des femmes, déjà veuves et ayant élevé six enfants en moyenne, mouraient peu après que le dernier avait quitté la maison. Pas beaucoup de place pour un rôle de grand-père ou de grand-mère à part entière ! Sauf dans les *Contes* de Perrault.

Si certains renâclent parfois à ne jouer qu'un rôle de nounou de remplacement, je vois la plupart d'entre eux, autour de moi, inventer leur place, leur mode de relation avec leurs petits-enfants en fonction de situations familiales de plus en plus complexes. Un maillon parmi d'autres pour assurer cette fonction qui fait couler d'autant plus d'encre qu'elle devient problématique : la transmission.

Transmettre

C'est un rôle attendu des grands-parents. Pourtant, j'y suis de plus en plus réticente, ne connaissant que trop bien – pour y être moi-même tombée au début de ma vie de grand-mère – les pièges d'une morale facilement assénée en vérité absolue.

Certes, il est important de transmettre le souvenir des modes de vie d'autrefois. Les enfants actuels n'imaginent pas un monde sans électricité ni voitures. Au risque de passer à leurs yeux pour la dépositaire un peu ringarde d'un temps révolu, c'est un régal de saisir l'occasion, quand elle se présente, de raconter comment vivaient leurs arrière-grands-parents. Ce que la célébration du centenaire de la guerre de 14-18 a grandement facilité. Ce rappel du passé correspond plus souvent qu'on ne le croit à une demande des enfants, du moins à un certain âge. Cela leur permet de relativiser leur façon de vivre, de construire leur échelle du temps. De même qu'ils sont demandeurs d'une autre sorte de souvenirs : ceux de la vie de leurs propres parents. « Comment ils se sont rencontrés ? » voulait savoir à six ans l'aînée de mes petites-filles, avide de comprendre d'où elle venait. Et aussi de connaître

– succès toujours garanti – les bêtises que faisaient ces mêmes parents à leur âge…

Ce n'est pas contre ce genre de transmission que je m'insurge, mais contre la prétention d'inculquer certaines valeurs par le seul discours et de faire endosser cette fonction aux grands-parents sous le prétexte que l'école ou les parents n'y suffisent plus. J'appelle cela la fonction « coffre-fort » des vieux. Alors que leur vrai rôle me semble être celui de « passeur ». Un beau mot trop souvent oublié.

Les valeurs auxquelles je tiens le plus – le respect de l'autre, le souci de la justice et des plus démunis, la confiance dans les capacités de chaque être humain… –, personne ne me les a explicitement transmises. Je me suis imprégnée comme une éponge de ce qui faisait vivre ceux qui m'entouraient. C'est en passant du temps avec nos petits-enfants, en faisant des choses ensemble, que nous deviendrons passeurs, sans le chercher, sans le vouloir. D'ailleurs, qui peut prétendre savoir dans quel monde ils vivront ? Quelles ruptures par rapport aux valeurs de leurs parents auront à effectuer nos petits-enfants, non seulement pour survivre, mais pour grandir en humanité à leur tour ? Leur faire confiance, c'est aussi les autoriser implicitement à ces ruptures.

Alors faut-il vraiment mettre des mots sur ce qui ne va plus de soi ? J'en doute, sachant combien les mots sont trompeurs et faisant confiance au sens critique des jeunes générations sur lesquelles les beaux discours n'ont plus prise.

Et pourtant…

Et pourtant, j'ai le souvenir de certains gestes qui m'ont marquée, sans doute parce qu'ils m'ont travaillée de l'intérieur…

Ma grand-mère effeuille le tilleul, je regarde ses mains couvertes de taches brunes butiner les fleurs avec une légèreté de papillon et il me semble assister à un cérémonial étrange, sacré… Plus tard, je la vois s'acharner à arracher les mauvaises herbes et les tiges collantes des liserons qui étouffent les petits sapins. Je n'oublierais pas cette énergie incroyable déployée pour protéger la vie et pour la célébrer. Autant de gestes qui surgissent dans ma mémoire comme des repères quand j'en ai besoin.

N'ai-je pas aussi l'expérience de ces petites phrases qui échappent à leur auteur, presque malgré lui, mais qui marquent au fer rouge ? « Allez, on y va ! » lance le moniteur de ski en me voyant crispée en haut de la pente, suivi avec un accent rocailleux inimitable d'un « C'est pas la mort, quand même ! » Une injonction qui me revient chaque fois que je suis face à un effort qui me semble insurmontable et qui, soixante-dix ans plus tard, continue à me faire rire. Ou cette exclamation de Catherine, ma femme de ménage, s'escrimant à frotter une casserole pour la faire briller : « Mon grand-père me disait toujours : Un travail pas fini, c'est ni fait ni à faire. » N'y a-t-il pas aussi des paroles qui transmettent quelque chose qui vous dépasse ? Je n'ai pas fini d'explorer l'impact mystérieux de ce que répétait Suzanne, notre ancienne gardienne : « Mon jardin, c'est ma vie… »

Ce sont ces gestes, ces voix, ces paroles qui sont les vraies courroies de la transmission, sans que nous le voulions, sans que nous le cherchions.

Puisque je parle de transmission, malgré mes réticences initiales, parlons des rites qui traversent les générations et rythment l'année : partage sous la table de la galette des rois, crêpes de la Chandeleur que j'ai failli oublier l'autre jour (mais ma petite-fille de bientôt trente ans m'a rappelée à l'ordre !), émerveillement des premières jonquilles (ou des premiers perce-neige, ou du premier muguet…), cueillies dans les bois au printemps – ce que je continue de faire avec mes petits-enfants… Ou encore ce rite qui se répète depuis la nuit des temps dans mon Jura natal : les « failles », torches de feu tournoyant à bout de bras de colline en colline au solstice d'hiver pour annoncer le retour de la lumière au cœur de la nuit. Des rites de passage à forte valeur symbolique qui nous charpentent de l'intérieur pour peu qu'ils gardent leur fonction d'initiation au mystère.

Ce sont aussi les comptines, les chansons, les contes surtout, racontés à ce moment si délicat de l'endormissement, quand l'enfant bascule dans le monde de la nuit et que la voix du conteur ou de la conteuse l'accompagne dans le labyrinthe de ses rêves.

Rites, chansons, contes… autant de fils secrets qui relient aux générations précédentes et dont nous ne sommes encore une fois que les passeurs.

C'est là, bien sûr que m'attend mon procureur !

– Joli discours ! Assaisonné du poivre philosophique qui t'est cher, susurre-t-il avec componction. T'es-tu seulement avisée que tes petits-enfants ne t'appartiennent pas plus qu'ils n'appartiennent à leurs parents. C'est Khalil Gibran qui le dit, parole d'Évangile… enfin de Prophète[1].

– Justement, j'essaie de leur faire confiance.

– On dit ça, on dit ça… Alors pourquoi te

1. Gibran Khalil Gibran, *Le Prophète*, New York, Alfred A. Knopf, 1923.

mettre martel en tête avec cette histoire de transmission ? Un mot idiot d'ailleurs, qui pue l'héritage. Lourd à porter pour certains, crois-moi. Contente-toi de vivre ta vie, ils vivront mieux la leur.

– Ainsi soit-il, maugréé-je, bien obligée de reconnaître qu'il a raison.

Mes propres modèles de vieillissement

Je ne suis certes pas la première femme à vieillir ! Des milliards de femmes avant moi ont affronté les transformations de l'âge et même du grand âge sans faire tant d'histoires. Elles m'ont légué des « façons de dire et de faire[1] » qui m'ont marquée, enfant, quand je les voyais vivre.

Ces façons de faire et parfois de dire m'ont imprégnée jusqu'à l'os. Des images me reviennent sans que j'aie besoin de beaucoup les solliciter, des odeurs délicieuses ou repoussantes, des voix… Tout un ensemble de sensations qui façonnent

1. Selon l'anthropologue Yvonne Verdier, *Façons de dire, façons de faire : la laveuse, la couturière, la cuisinière*, Paris, Gallimard, coll. « Bibliothèque des sciences humaines », 1979.

la personne âgée que je suis devenue. Je reproduis, parfois à ma grande surprise, des manies, des habitudes qui étonnent mon entourage : user de diminutifs, faire des économies de bouts de chandelle…

Pour mieux comprendre ma façon de vieillir, il m'a fallu regarder attentivement ces personnes âgées qui m'entouraient quand j'étais enfant, mais aussi me tourner vers ceux ou vers celles que je me suis en quelque sorte choisis comme modèles à mesure que j'avançais en âge.

Grand-mère des contes et grand-mère des chansons

Je suis fermement persuadée que les valeurs, les façons de vivre et de faire sautent une génération. Ma mère m'a toujours paru jeune, aucun espoir de tirer un exemple de ce côté-là. Il me faut donc me tourner vers mes grand-mères. J'en avais deux, comme de juste : la « grand-mère des contes » et la « grand-mère des chansons ».

Ma grand-mère paternelle, Pauline, celle que j'appellerai la grand-mère des contes, m'a appris cette chose essentielle : les grand-mères peuvent faire peur. J'avais peur de sa moustache, d'une verrue poilue qu'elle avait dans le cou. Elle me faisait irrésistiblement penser à la grand-mère du Petit Chaperon rouge. Une grand-mère qui s'est, bien sûr, d'abord fait dévorer par le loup, mais sous le bonnet de laquelle le loup a mangé sa petite-fille. Une grand-mère-loup, par conséquent et, dans ma longue chemise de nuit, je frissonnais d'appréhension à l'idée de dormir dans sa chambre. Pourtant, elle était si bonne (disaient mes parents), si tendre, surtout avec moi, sa petite-fille préférée.

Peut-être trop ?

Quand j'allais chez elle – je devais avoir huit ans –, dès la sortie du métro la peur me saisissait au ventre. J'enfilais au triple galop la rue de Babylone dont les longs murs blancs me paraissaient ne jamais devoir finir. Ce qui me faisait galoper n'était sûrement pas la perspective de retrouver ma grand-mère : c'était une ombre qui semblait me poursuivre. Une ombre indéfinissable qui grandissait à mesure que j'avançais et qui allait sûrement me recouvrir… Encore aujourd'hui, je sens le froid qui me pénétrait le dos, le soulagement avec lequel je me jetais sur le bouton doré qui ouvrait la porte de l'immeuble, me glissais dans l'entrebâillement, entendais claquer le portail derrière moi.

Sauvée !

Le temps de reprendre ma respiration, le danger s'était faufilé devant, l'ombre était sûrement embusquée sur un palier, il fallait la gagner de vitesse, et je me précipitais dans l'escalier pour arriver au deuxième étage, me suspendre au carillon de la sonnette avant qu'elle ne me saute dessus… Je me jetais dans les bras de ma grand-mère qui me serrait longuement contre elle. (« Que tu as de grands bras, mère-grand ! C'est pour mieux t'embrasser, mon enfant. ») Le soulagement faisait de nouveau place à l'appréhension, l'ombre-loup avait peut-être avalé ma grand-mère.

Elle n'avait eu que des fils, et j'étais sa première petite-fille, la préférée, bien sûr. Je subissais sa tendresse avec gratitude et épouvante, car je savais l'ombre tapie dans un coin, prête à resurgir le soir, lorsque ma grand-mère se préparerait pour la nuit, que l'obscurité la coifferait d'un bonnet de dentelle et ferait ressortir sa moustache…

Nous cherchons, bien sûr, à le faire oublier sous un fatras de bons sentiments, mais les personnes âgées, les grand-mères tout spécialement, font peur en particulier du fait de leur proximité avec la mort. La figure de la sorcière, si importante pour les enfants (et sans équivalent masculin), nous avertit de cette ambivalence depuis belle lurette. J'ai pu le vérifier avec l'une de mes petites-filles qui me saute au cou quand elle va bien, mais ne supporte pas que je m'approche d'elle quand elle est malade.

Oui, j'ai beaucoup appris de ma grand-mère Pauline : les collections de bouts de ficelle, les économies de bouts de chandelle et surtout cette odeur des personnes âgées, mal lavées, qui évoque déjà la pourriture d'un corps vieillissant. J'en ai gardé la hantise des appartements sombres et la méfiance des embrassades. Mais j'en ai aussi retenu la chaleur d'une tendresse inconditionnelle et un conseil inattendu et précieux : « Ma petite, épouse quelqu'un de gai, c'est la seule chose qui vaille. »

Catherine, ma grand-mère des chansons, était du genre fourmi. Maigre, presque décharnée, toujours de noir habillée avec un chignon mal ficelé dont des mèches grises s'évadaient, elle m'a pourtant tout appris de la vie à travers les chansons qu'elle me serinait au piano. « Savez-vous planter les choux » évoquait directement la façon dont les bébés sont plantés, « Compère Guilleri », tombé de la branche où il était grimpé pour voir ses chiens courir et dont le bras est remis en place par les bons soins des dames de l'hôpital, avait cette même fonction d'initiation aux mystères de la vie, dont évidemment elle ne se doutait guère. Elle tenait aussi de sa mère « Mon père ainsi qu'ma mère n'avait fille que mouée », que je me délecte d'apprendre à mes petites-filles. Parfois au scandale de leurs parents quand ils m'entendent leur chanter (et que les petites en redemandent) : « C'est pas l'affaire des filles d'embrasser les garçons… » Je n'y peux rien, c'est la chanson qui le dit et qui ajoute même : « Mais c'est l'affaire des filles d'balayer la maison. »

Au piano où elle m'accompagnait, Catherine se fâchait souvent quand je répétais de travers les airs qu'elle s'efforçait de m'inculquer. Comme elle s'emportait contre les fausses notes des jeunes filles du chœur à l'église. Très pieuse, à l'excès sans doute, exigeante pour elle-même, elle n'était pas une grand-maman gâteau. Mais nous avions droit, mon frère et moi, au plus somptueux des cadeaux : la liberté absolue de mouvement pendant les vacances que nous passions seuls, chez elle, pendant la guerre.

De Catherine, en dépit d'une austérité certaine et d'un mépris évident pour sa propre apparence (que je reproduis sans doute quelque peu), il me semble avoir retenu quelques gestes essentiels : l'arrachage des mauvaises herbes et ses batailles, sécateur en main, contre les ronces, l'arrangement de somptueux bouquets… Des gestes à travers lesquels elle m'a fait découvrir la saveur du quotidien et le courage de vivre. Plus mystérieusement, c'est peut-être elle qui m'a appris qu'une grand-mère peut rajeunir. Quand elle venait le soir, dans sa longue chemise de nuit en toile blanche, ses cheveux tressés en une seule natte dans le dos, je ne savais plus, dans mon demi-sommeil, s'il s'agissait de la fourmi noire qui m'apprenait le dur métier de vivre ou d'une très jeune femme dont le feu de la cheminée projetait l'ombre dansante. Une jeune femme qui remontait tendrement l'édredon pour que je m'envole au pays des rêves.

À travers ce que j'ai senti et connu de Pauline et de Catherine, j'ai sûrement été imprégnée de comportements, de gestes, d'habitudes que je reproduis sans trop y penser. Mais, plus profondément, je leur dois une sorte de sagesse qui inclut le rapport à la mort. Une sagesse que je me suis construite, moi aussi, au fur et à mesure que les années passaient.

Bien malin qui démêlera les différents fils qui la tissent !

Kéroubim

Outre mes grand-mères, je me réfère de plus en plus à des figures privilégiées que j'ai connues et admirées. J'aime me sentir entourée de ces *kéroubim*[1], dont les ailes me protègent et dont la présence invisible me soutient dans les passes difficiles de ce troisième et bientôt quatrième âge.

C'est en parlant de Suzanne et de son mari Edgar, gardiens depuis toujours de Frontenay, notre maison de famille, que mon ami Olivier a utilisé pour la première fois ce mot de *kéroubim*. Pour cet expert en Écriture sainte, ils veillaient tous deux sur le château à la façon des anges veillant sur l'Arche d'alliance des Hébreux, entendez comme sur un trésor qui leur était confié. Du haut de leur petit logement, au-dessus de la voûte donnant accès à la cour d'entrée, Suzanne et Edgar surveillaient tout. Les gouttières bouchées, qu'en propriétaires inconscients nous ne savions pas déceler avant l'effondrement d'un plafond, les tuiles arrachées par la violence des vents, les bêtises des enfants (j'ai appris seulement vingt ans plus tard que le dernier de mes fils utilisait les toits en guise de toboggan…) et le jardin, bien sûr. Perché sur

1. Dans la Bible, il s'agit des deux anges disposés de part et d'autre de l'Arche d'alliance des Hébreux.

son roc, Frontenay était depuis soixante ans sous leur garde. Sagement, ils nous préparaient, Jacques et moi, à prendre la relève.

Nous avions repris ce vieux donjon de famille et décidé d'en faire un lieu d'accueil et de rencontres. Suzanne nous l'avait fait visiter, les larmes aux yeux, dans la crainte qu'il ne revienne à des étrangers. Séduits par les vieilles alcôves, la sagesse mystérieuse qui suintait des murs en même temps que par la fragilité dont témoignait son délabrement (peut-être aussi touchés par les larmes et par la dignité de cette vieille femme qui nous le faisait visiter), nous avons tenté l'aventure. Suzanne et Edgar nous ont adoptés d'emblée, nous, le projet et nos enfants par-dessus le marché, mettant leur touche inimitable dans ce lieu magique qu'est devenu Frontenay pour beaucoup de ceux qui y sont passés…

Quand j'ai fait la connaissance de Suzanne, j'avais déjà la quarantaine et elle soixante ans bien sonnés. Je n'imaginais pas, à l'époque, que j'aurais besoin d'anges gardiens pour veiller sur mon grand âge ! Puis le temps a passé, l'un des *kéroubim* s'est envolé et c'est alors que je me suis approprié le mot pour tous les anges gardiens dont, petit à petit, je me suis entourée pour accompagner l'hiver de ma vie. Pendant les presque trente ans au cours desquels je l'ai bien connue, je me suis imprégnée inconsciemment des façons de vivre, du bon sens et de la sagesse de Suzanne. Comme je l'ai dit à son enterrement, la voix étranglée par l'émotion : « C'était une grande dame », dans tous les sens du terme. Une grande dame que je ne me décourage pas de devenir un jour.

Zette… J'ai dû faire sa connaissance à l'occasion de l'une de ses expositions à Baume-les-Messieurs. Elle occupait le logis abbatial de la vieille abbaye, un lieu magnifique mais totalement inconfortable, ce dont, malgré son âge, elle se fichait bien ou du moins s'accommodait avec bonne humeur. Un repas pris devant le feu de sa cheminée à hotte était un régal de tous les sens, y compris celui de l'humour. J'ai gardé le souvenir impérissable d'un gratin de macaronis, cuisiné derrière un paravent grâce à un Butagaz et à un four antédiluvien, servi dans des assiettes qu'elle peignait à la main et assaisonné de la vivacité d'un esprit caustique, cultivé, toujours à l'affût de rapports insolites entre les choses de l'esprit et celles du quotidien. Elle traquait la beauté et la poésie dans les moindres objets, dans les événements les plus insignifiants.

Nous avons travaillé ensemble au développement de la culture dans la communauté de communes dont j'étais vice-présidente. Un peu sourde, elle avait le verbe haut (vraiment haut !) pour défendre ce qu'elle appelait la « vraie culture », celle qui concerne tout le monde. Celle qui donne envie de lire, de peindre, de débattre, de créer par soi-même. Je me souviens d'un extraordinaire concours d'épouvantails organisé ensemble qui avait fait surgir des talents surprenants. D'un groupe de théâtre pour lequel elle avait embauché les jeunes de sa commune et de l'un d'eux, pourri par l'alcool, ébloui d'avoir joué le rôle de Roméo aux genoux de sa Juliette… Elle-même fabriquait, entre autres créations, des figurines étonnantes avec du papier journal mouillé de colle : moines de l'abbaye, princesses de contes de fées. Tournoyant au plafond de ma salle à manger, auquel elle est suspendue par des fils invisibles, la marionnette d'une de mes arrière-grand-mères, une autre Pauline, dont l'histoire avait plu à Zette, me contemple ainsi depuis des années. Rassemblant ses jupes dont le gonflement, alors qu'elle passait au-dessus d'une bouche de chaleur de la papeterie familiale, avait donné l'idée des montgolfières à son mari Joseph[1], Pauline évoque

1. Joseph de Montgolfier, mon arrière-arrière-grand-père, l'inventeur des montgolfières, était papetier à Annonay.

pour moi cette légèreté de l'être, toujours prêt à s'envoler sans même y prendre garde, dans le monde de la poésie et du rêve.

Zette est donc devenue un de mes *kéroubim*, un exemple de la façon dont j'aimerais vieillir : en gardant ma curiosité intacte, en continuant à tenir ma place tout en acceptant avec humour les limitations de l'âge. S'il était évident qu'elle ne se souciait guère de son apparence, ses yeux vifs semblaient toujours en éveil, toujours à l'affût de ce qui allait arriver, y compris de sa propre vieillesse. Et quand elle disait : « Je suis curieuse de ce que je vais devenir », on la croyait sur parole tant on sentait que cette curiosité l'emportait sur l'inquiétude et sur l'angoisse de la fin de vie.

Janine, l'une de mes voisines, n'est pas encore passée à l'état de *kéroub*, du moins de *kéroubim* pour mon usage personnel car, avec sa vie d'infirmière à la campagne, elle a dû jouer ce rôle maintes et maintes fois. Nous avions de lointains ancêtres communs et elle, qui n'avait jamais pris l'avion de sa vie – faute d'argent, je pense –, a décidé un beau jour qu'il lui fallait absolument, avant de mourir, se recueillir sur leurs tombes en Inde du Sud. Elle a réussi à économiser de quoi réaliser son rêve et, l'année de ses quatre-vingts ans, est partie seule pour Hyderabad… et a réussi à trouver et à fleurir les tombes ! Pour fêter ses quatre-vingt-dix ans, Janine a invité famille et amis à Saint-Lothain, dans le Jura (rebaptisé par elle Saint-Lothain-sur-Mer), où elle nous a accueillis avec sa sœur jumelle en maillot de bain style 1900, se prélassant dans des transats au bord d'une véritable plage de sable… reconstituée, sac par sac, dans la cour de la maison. Tout était à l'avenant : les serviettes en papier décorées de drôles de bateaux avec des jambes comme dans la chanson, des épuisettes pour attraper, sous de gros rochers en papier kraft, les crevettes à déguster pour l'apéritif… Nous nous sommes tous tellement amusés, comme ces dames d'ailleurs, que cette fête me fait encore rire quand je me la remémore avec elle.

Ai-je déjà évoqué Rosane, une autre de mes voisines, avec ses cheveux blancs moussant comme du bon lait ? Passionnée d'archives familiales, elle avait fini par se mettre à l'informatique à quatre-vingt-dix ans pour dépouiller plus commodément lettres et souvenirs. Elle s'ennuyait beaucoup chez les Petites Sœurs des pauvres où elle avait dû, en fin de compte, prendre sa retraite, mais n'ennuyait pas du tout ceux qui prenaient le temps de venir la voir ! Ses descriptions de la salle à manger des pensionnaires me faisaient pleurer de rire et j'emmenais mes petits-enfants la voir pour qu'ils découvrent une vieille dame vivante et drôle.

Ou encore Godelive, dont j'observe avec admiration et affection l'étonnante ouverture d'esprit sur les sujets les plus personnels. Elle ne peut plus guère sortir de son appartement, mais cultive une curiosité intellectuelle et une vie intérieure qui rayonnent dans ses yeux plissés par l'humour. Ses propos, souvent inattendus, enchantent le petit groupe d'amis épris de philosophie qui se réunit régulièrement chez elle.

Voilà déjà une garde solide, sur laquelle je peux compter, pour inventer mon chemin dans cette dernière partie de ma vie. Bien d'autres suscitent mon admiration, y compris des hommes (dont je ne voudrais pas laisser croire que je leur dénie tout droit à me servir de modèles). L'important est de me trouver des appuis pour continuer, comme le dit une autre de mes amies, à « grandir en humanité ».

Écrire

Des appuis, c'est bien beau ! Une méthode, un outil, ce serait mieux encore.

Écrire a toujours accompagné ma vie personnelle et professionnelle. Écrire pour moi, pour mon entourage, rarement pour le public. Écrire des souvenirs, des articles et même un livre pour L'École des parents. Mais c'est depuis peu que j'ai découvert le plaisir de croquer des scènes de rue, puis des scènes de ma vie quotidienne. J'aurais préféré le faire par le dessin, soulignant d'un trait l'humour, le ravissement, parfois la colère que je ressentais. Je me découvrais une vocation de caricaturiste… hélas ! trop tard pour m'y entraîner. Alors j'ai utilisé un matériel que je connais bien : les mots, et je me suis aperçue qu'ils constituent un outil précieux pour jouir de la vie. Cette dame assise en face de moi dans le bus avec ses gants en filoselle noire, ses bottines 1900, le bonnet en forme de coiffe verte encadrant des cheveux aussi noirs et une bouche aussi vermeille que ceux de la Blanche-Neige de Walt Disney… Je ne l'oublierai jamais ! Non plus que les questions que je me suis posées pendant tout le trajet sur sa vie et sur les relations qu'elle entretenait avec l'homme âgé qui l'accompagnait. En traversant un jardin public, dans le bus et même dans le métro, je ne passe plus une journée sans me régaler d'un personnage cocasse, de la forme d'un nuage ou du parfum des acacias. Chercher le soir *les mots pour le dire*[1], ou plutôt traduire en mots ces émotions, devient presque un réflexe, redouble le plaisir éprouvé. Ces détails nourrissent mon imaginaire, me rassurent sur la diversité du monde, sur la richesse inouïe que représente cette diversité dans un simple autobus parisien. Ils nourrissent aussi ma méfiance des statistiques qui uniformisent et du pessimisme qui s'appuie sur ces statistiques.

Sans le savoir, je me suis peut-être trouvé l'outil que je cherchais. Décrire les mini-drames que je croyais vivre en vieillissant, les amplifier pour me moquer de moi-même, raconter les façons de vieillir que j'observe autour de moi et même, à l'occasion, philosopher – mon péché mignon – sur cette situation nouvelle ont modifié insidieusement mon regard. D'abord à la recherche de petits faits significatifs, de ces détails qui accrochent l'œil et pourraient m'enchanter, je me suis trouvée devant des situations qui m'ont touchée. Chercher le mot juste pour exprimer cette émotion, trouver l'image qui permet de faire voir sans avoir à expliquer, bref tout ce travail m'a permis d'apprivoiser cette surprise, cet étonnement de vieillir que j'ai vécu et que je viens de présenter.

1. Marie Cardinal, *Les Mots pour le dire*, Paris, Grasset, 1976.

Alors je continue ma route avec une ambition renouvelée. Écrire non seulement pour m'habituer à cette situation nouvelle dans laquelle je suis déjà bien engagée et en accepter les contraintes. Mais aussi pour essayer de trouver une voie personnelle de vieillissement.

Deuxième partie
S'inventer un chemin

« Tout a une fin dans la vie, même les raisons de vivre. Mais pourquoi ne vivrait-on pas sans raisons ? Je veux dire sans autre raison que celle de vivre, précisément, avec toutes ses conséquences. Une vie nouvelle, voici ce qui m'attendait, sans autre raison de vivre que celle de la vie même. »

Jorge Semprun,
Exercices de survie,
Paris, Gallimard, 2012.

Comment vivre quand mes raisons de vivre s'amenuisent, quand le travail, la famille ne justifient plus mes efforts, quand mes compétences ne sont plus sollicitées, que je me découvre de moins en moins utile avec pourtant du temps à revendre et encore un peu d'énergie ? Comment vivre sans s'accrocher désespérément à des responsabilités que de plus jeunes assurent mieux, à une apparence physique dont l'entretien demande de plus en plus de soins, sans céder à la tentation de se replier dans un coin en ruminant des malheurs réels ou imaginaires ? Quel sens donner à une vie qui rétrécit ou que je laisse rétrécir par négligence et soumission à la fatalité ?

Jorge Semprun nous parle de vie nouvelle, d'une vie sans autre raison de vivre que celle de la vie même. Entre résignation millénaire aux dégradations du corps et révolte moderne contre notre impuissance, n'y aurait-il pas d'autres voies à explorer ? D'autres chemins à découvrir pour l'animal à trois pattes que je suis devenue ?

Je fais donc un pari : c'est en écrivant que les choses vont se préciser. En continuant d'observer, de décrire au jour le jour mes bonheurs, mes paniques, mes surprises, mes découvertes pour mieux en sentir l'odeur, les effets, le sens. Bien d'autres voies sont possibles, qu'il appartient à chacun de découvrir. Je ne parle ici que de la mienne, ou du moins de celle qui s'est précisée au fur et à mesure des tâtonnements dont je vais parler.

Tâtonnements

Blues d'automne

Les vieilles dames aussi font leur rentrée.

Une rentrée, c'est toujours un peu tristounet. Rentrée égale grisaille, ennui, appréhension de nous retrouver seules entre les quatre murs où nos vies s'étouffent parfois.

C'est mon cas aujourd'hui.

Le TGV se rapproche de la gare de Lyon. Les voyageurs les plus pressés sont déjà agglutinés devant la porte, les parents houspillent leurs enfants pour mettre les anoraks ou retrouver le doudou égaré sous un siège. J'ai enfilé le manteau noir à capuche offert par mes enfants, enroulé autour de mon cou l'écharpe bordeaux tricotée par mon amie aveugle et j'attends sagement que le couloir se dégage. Le TGV s'arrête enfin, crachant sur le quai sa cargaison humaine de gros, de petits, de jeunes, de vieux chargés de sacs, de valises, de paquets de toutes sortes, les lions, girafes, pandas accrochés au dos des enfants… Bref, un tohu-bohu de rentrée ordinaire au milieu d'un brouhaha d'appels, de sifflets et d'annonces inaudibles.

Rien ne me presse, personne ne m'attend à côté de la locomotive, ni chez moi d'ailleurs. Je descends difficilement les marches trop hautes du wagon enfin vidé de ses occupants. Pour secouer un peu la mélancolie qui me colle à la peau, j'observe les scènes qui se jouent sur le quai, comme autant d'îlots que contourne le flot des voyageurs. Ici, des amoureux s'embrassent longuement, là, un monsieur ronchon brandit sa canne pendant que les employés de la SNCF l'installent dans un fauteuil roulant, plus loin, une petite dame affolée serre son sac contre sa poitrine en comptant et recomptant la marée de valises qui l'entourent. Mais je n'ai pas le cœur, cette fois-ci, d'imaginer leurs histoires, d'épingler le détail qui me ferait rire, ce nounours que serre sur son cœur un père de famille harassé, ce chapeau trop étroit perché sur une tête rubiconde.

Non, tout cela ne me donne aucune envie

de rire. Je renonce à secouer la tristesse qui m'imbibe et me laisse porter par le flux.

Le temps s'étire interminablement entre ma descente du TGV et l'arrivée dans le hall n° 3. J'avance au pas de la foule, surveillant mes pieds pour leur éviter d'être écrasés ou par peur de trébucher. Ce n'est qu'au bout du quai que je lève la tête, surprise par le silence qui succède peu à peu au tapage. Les exclamations s'étouffent en chuchotements, les chuchotements cèdent la place aux sons les plus surprenants que l'on puisse entendre un jour de rentrée dans le hall n° 3 de la gare de Lyon à Paris : la *Petite Musique de nuit* de Mozart.

La plupart des têtes se tournent vers la gauche d'où vient la musique, d'abord difficile à percevoir mais qui envahit bientôt tout l'espace de la gare. Avec une lenteur quasi solennelle, le flot des voyageurs se divise, une partie poursuivant sa route vers la sortie, les taxis et les bus, l'autre, dont je suis, obliquant silencieusement vers la source présumée de la musique, aussi sûrement aimantée par elle que les rats et les enfants par le joueur de flûte de Hamelin.

Quel musicien cherche ainsi à nous attirer ? Vers quel monde ?

Jouant des épaules et des coudes, je réussis à me faufiler au premier rang de la foule qui écoute, statufiée. Il ne s'agit pas, comme je l'ai imaginé un moment, de la très bonne retransmission d'un concert radiophonique. Dans le vide en forme de demi-lune creusé par la foule des voyageurs, je découvre une petite silhouette noire penchée sur les touches d'un piano à queue, dont elle arrache littéralement les sons qui nous figent le corps et nous déchirent le cœur. Là où j'ai réussi à émerger, je ne vois que le dos, un peu voûté, comme ramassé sur l'espace étroit du clavier. Mon œil est fasciné par la blancheur de la nuque entre manteau et cheveux noirs coupés très court. La même blancheur surgit par moments lorsque, de façon rare, imprévisible, les mains effleurent les touches à droite ou à gauche du piano, que le son s'échappe vers les aigus ou les graves, vite ramené à l'intimité des notes médianes qui se détachent, une à une. Les manches très évasées du manteau s'envolent parfois comme des oiseaux noirs porteurs d'une tristesse insoutenable. Puis, soudain, une série de notes fluides monte avec nonchalance sous la coupole de la gare…

En même temps que je bois des yeux les moindres détails de l'ensemble noir et blanc de la pianiste et du piano, mon oreille accompagne avec délice les arabesques familières des phrases musicales. Je me sens comme au seuil d'un monde qui retient son souffle, prête à m'envoler peut-être ? La musique, dans cette gare où elle n'a rien à faire, ouvre l'espace à l'infini, bien au-delà de la coupole de verre…

Par quelle grâce est-ce que je me sens soudain si légère ? Par quelle grâce la vie me paraît-elle si enviable ? L'impatience des commencements me saisit, me détournant de la pianiste et de son piano, je me hâte pour rentrer chez moi. Rien ni personne ne m'y attend, mais, soudain, je suis sûre d'y avoir rendez-vous avec le bonheur.

*

L'avancée en âge réserve parfois des surprises inattendues pour qui est à l'écoute des mille petits signes dont fourmille notre quotidien. C'est, à l'évidence, une chance rare, que partagent les enfants et les personnes âgées, que d'avoir le temps de prêter attention à ces clins d'œil. Et, finalement, d'en jouir intensément. Même si mes pieds gelés me font souffrir, l'air sec et le froid coupant de l'hiver m'enivrent autant qu'au printemps le parfum des acacias en fleur. Tout en pestant contre l'humidité des brouillards d'automne, je ne raterais pour rien au monde les traînées de brume qui transforment les paysages du Jura en féerie pour dames esseulées…

Tempo

Quand elle descend de la voiture de Christiane qui est allée la chercher à la gare, Marie-Claire m'embrasse, me serre dans ses bras et, d'une voix haut perchée que je peine à reconnaître, s'exclame en se tournant vers les deux autres :

– Mes petites chéries, ce que c'est sympa de vous voir !

Nous nous retrouvons en effet de temps en temps, Marie-Claire, Christiane, Françoise, Marie-Paule et moi – quelques anciennes du scoutisme. Marie-Claire était ma cheftaine, je lui avais succédé. Que c'est loin, tout cela…

Elle nous montre fièrement la petite pancarte accrochée à son cou sur laquelle est écrit en gros caractères : « MERCI DE ME FAIRE DESCENDRE À LONS-LE-SAUNIER. »

– Comme ça, je suis tranquille, je ne peux pas me perdre. Parce que, sinon, vous savez, j'oublie tout.

Nous savons, mais la voir et surtout l'entendre, c'est autre chose. Sa voix de petite fille qui cherche à se rassurer me donne mal au ventre. Où a disparu l'agrégée d'histoire, spécialiste de la culture de l'olivier dans le Bassin méditerranéen ? La professeure d'université si appréciée de ses élèves ? L'intellectuelle qui apportait son point de vue rigoureux dans les débats de tous ordres que nous poursuivions ensemble depuis tant d'années ?

Je passe mon bras sous le sien et essaie de l'entraîner doucement vers la maison.

– Entre vite te réchauffer, il y a un bon feu.

– On va danser, hein ? Comme autrefois ? questionne-t-elle en me suivant docilement.

L'image de cinq filles s'essayant à danser le sirtaki, bras autour des épaules, me traverse l'esprit. C'était quand ? Dans les années cinquante ?

– Ça nous réchaufferait sûrement ! Mais allons d'abord prendre un bol de thé ou une tisane. Viens t'asseoir.

– Alors tu habites ici ? demande Marie-Claire qui est pourtant venue l'année dernière. Ce n'est pas trop grand pour toi toute seule ?

Malgré l'émotion qui continue à me serrer le ventre, je me mets à rire. Il est bien vrai que la vérité sort de la bouche des enfants ou de ceux qui le redeviennent.

– Tu as raison. C'est pour ça que vous êtes venues me voir toutes les quatre, c'est vraiment super.

Marie-Claire (que j'appelle encore Mickey

dans mon cœur) a conservé sa tête de Pinocchio. Elle semble étonnamment jeune sous les frisettes blondes qui retombent sur son front et se met à battre des mains :

– Alors, on va chanter, les filles ! Autour d'un feu, on chante.

Et nous voilà parties ! Un peu du bout des lèvres au début, puis de bon cœur en essayant de retrouver le rythme en canon d'« Ani couni chaouani », les différentes voix de « Vlà l'bon vent » ou la mélopée lancinante des « Haleurs de la Volga » :

Oh-là ! Tire ! Marche !
Le temps tire avec toi, tire, tirera[1] *!*

Le vent nous a ramenées quelques bonnes dizaines d'années en arrière. Rapprochant nos sièges pour être plus près du feu, mais aussi pour nous sentir plus proches (et peut-être abolir les années…), nous échangeons blagues et souvenirs en croquant des biscuits. Après avoir chanté de tout son cœur, Mickey nous écoute et ne dit plus rien. Assise à côté d'elle, je sens son silence et sa présence avec une force extraordinaire. Sans quitter du regard le feu qu'elle fixe avec

1. « Les Haleurs de la Volga », chant traditionnel scout.

une expression émerveillée, elle prend ma main dans la sienne et la tient serrée, bien fort.

Grâce à Marie-Claire, nous sommes revenues à un temps oublié, du moins mis entre parenthèses, celui de notre adolescence. Quel plaisir de revivre ces moments précieux ! D'exprimer par le chant, par la proximité des corps, par un serrement de main l'amitié qui nous a rassemblées pendant tant d'années, qui nous rassemble encore ce soir. De découvrir une Marie-Claire inconnue, plus proche de l'enfance et de son mystère, tout entière dans l'intensité du moment présent, en quelque sorte dépoussiérée de l'avenir.

Cette intensité, il est si rare de la vivre...

C'est pourtant ce qui nous ouvre à cet invisible « [qu']on ne voit bien qu'avec le cœur[1] », disait le renard du *Petit Prince*.

Déclaration

J'ai reçu un e-mail, l'autre jour, qui m'a vraiment bouleversée.

Sur le moment, j'ai éprouvé du plaisir à le lire, sans plus. Le message émanait d'un homme

1. Antoine de Saint-Exupéry, *Le Petit Prince*, Paris, Gallimard, 1945.

d'une cinquantaine d'années que j'avais aidé pendant près d'un an à rédiger un livre sur lequel il peinait. Comme les autres ouvrages de thésards à l'accouchement desquels j'ai participé, je ne connaissais rien au sujet abordé, mais je m'y connais, ou du moins je le crois, en écriture. L'aider à mettre de l'ordre dans l'enchaînement de ses propos, le questionner sur une formulation incompréhensible jusqu'à ce qu'elle me paraisse limpide et le satisfasse, lui faire entendre une émotion qu'il a fait naître en trouvant le mot juste… J'avais admiré au fil de nos échanges la profonde modestie de cet homme.

Notre contrat terminé, je n'avais plus eu de nouvelles.

Un an plus tard, il m'annonçait la publication de son livre. Quelques mois encore et il m'invitait à une conférence qu'il donnait devant un parterre de spécialistes. Je m'y étais rendue, curieuse de voir comment il allait affronter ce que je savais être une épreuve. Un autre de mes anciens étudiants n'avait pas su, aussi bien que lui, convaincre son public, et je l'en ai félicité.

Il m'a donc envoyé un e-mail de remerciements pour ma présence. Je l'ai parcouru et me suis dit qu'il n'y avait pas d'urgence à répondre. C'est seulement quelques jours plus tard que je me suis avisée que ce message continuait à me trotter dans la tête. Je ne savais plus vraiment comment il était rédigé, mais j'y pensais comme à un éclat de lumière se posant sur la grisaille des jours. Sans raison précise, je me sentais pleine d'allégresse.

J'ai relu le texte et les mots m'ont sauté au cœur. Ils avaient mis leurs habits de printemps, s'étaient vêtus, comme l'écrit Charles d'Orléans, « de soleil luisant, clair et beau[1] ». J'en avais la tête tourneboulée ! Il faisait beau justement, j'ai claqué la porte de chez moi et je suis partie, nez au vent, sans trop savoir vers où, vers quoi, vers qui…

En rentrant de cette échappée belle, j'ai répondu sagement à mon ancien étudiant que je serais heureuse de le revoir. Cet homme timide avait trouvé les mots justes, appropriés à notre relation, les vieux mots de l'amour courtois pour m'exprimer ses remerciements et son admiration. Des mots qui m'avaient profondément touchée.

Ma vie avait repris des couleurs, comme on dit de quelqu'un qu'il a bonne mine. Et je rends grâce à ces artistes du cœur qui savent choi-

1. Charles d'Orléans, « Le Printemps », *Ballades et rondeaux*, Paris, Le Livre de poche, coll. « Lettres gothiques », 1992.

sir dans la palette de leurs émotions la nuance exacte qui embellira le monde.

*

Pas facile de parler de ce désir amoureux résolument occulté après la mort de mon mari. Peut-être en tentant d'en retracer l'émergence progressive ?

Occulté tout naturellement par l'installation dans un nouveau rôle, codé comme les autres par la société et l'environnement proche : celui de la femme qui a perdu brutalement son compagnon. Celle dont on admire l'énergie, la capacité à réagir et à poursuivre, seule, l'œuvre amorcée ensemble. Un rôle dans lequel je me suis aisément glissée et qui m'a apporté les satisfactions dont j'avais besoin. Disons-le plus crûment : le rôle de la veuve admirable !

Car les chansons, qui disent tout de la vie, nous en avertissent : la figure de la veuve joyeuse (euphémisme pour suggérer séductrice) reste pour une bonne part taboue. J'ai encore dans l'oreille les accents inoubliables d'Offenbach – chanté chez moi, à Frontenay, lors d'une soirée cabaret – se moquant de la veuve du Colonel ! Il faut bien avouer qu'il m'est arrivé de trouver étonnants, excessifs même, les soins dont une amie, veuve elle aussi, entourait un veuf dépressif de sa connaissance. Nous réduisons trop souvent à des situations connues, facilement identifiables, les mille nuances qui se déploient entre l'amitié et la passion amoureuse.

Désir amoureux étouffé donc… ou peut-être seulement endormi, comme le raconte *La Belle au bois dormant*. Une occasion, une faille, a sans doute suffi pour que ce désir émerge avec une lenteur infinie, passant par toutes sortes de tours et de détours : les yeux qui s'éloignent, avec une ombre de jalousie, des amoureux se serrant dans les bras, la pointe d'envie éprouvée devant l'épanouissement physique d'une amie de mon âge qui vient de se remarier… Peu à peu, je suis redevenue plus sensible aux regards des hommes autour de moi, plus soignée dans ma toilette (ce que l'un de mes gendres n'a pas manqué de remarquer !). J'ai surtout entendu ce que je refusais d'entendre : je pouvais encore retenir l'attention, provoquer ce désir, le ressentir moi-même et être libre d'en faire ce qu'il me semblait bon. Je n'ai plus hésité à retrouver d'anciennes complicités d'adolescence et à cultiver certaines amitiés masculines.

Quelque chose avait changé en moi, imperceptible mais essentiel : je n'étais plus amputée d'une partie de ma dimension de femme.

En repérant ces quelques jalons d'un chemin sur lequel je tâtonne encore, je m'interroge : Jusqu'à quel point sommes-nous capables de transformation, nous, les personnes âgées ? « Les vieux », de plus en plus nombreux, deviendront-ils un poids insupportable pour la société – ce que laisse entendre mon procureur –, ou bien, au-delà des rôles et des utilités déjà repérés, se révéleront-ils source de renouveau ? Et pour cela accepteront-ils de changer leur vision d'eux-mêmes ? De changer tout court ?

En ce qui me concerne, par exemple, puis-je considérer que j'ai commencé une sorte de mue, dont j'ignore d'ailleurs où elle me conduira et qui implique la perte d'un plumage (et on y tient à son plumage…) ? Ou peut-être une métamorphose comme dans les contes de fées ? François Cheng considère la vie « comme aventure en devenir, pleine d'une virtualité de transformation et de métamorphose[1] ». Croire que cela est possible, c'est refuser les prédic-

1. François Cheng, *Cinq Méditations sur la mort, autrement dit sur la vie*, Paris, Albin Michel, 2013.

tions des Cassandres qui annoncent dégradation du corps, affaiblissement de l'esprit, voire sortie complète des rails. Prédictions fort probables pourtant mais qu'il est mortel de ressasser à l'infini.

Muer. Se métamorphoser. Je sens que je vais bichonner ces mots-là, leur faire cracher leur jus. Ils m'aideront peut-être à répondre à la question de fond : À quelle déesse recourir quand Shiva aux multiples bras m'a abandonnée ? Comment faire pour rester vivante, de plus en plus vivante, jusqu'au bout ?

La mue évoque tout d'abord le changement de peau, de poil ou de plumage. J'imagine bien le serpent abandonner sa « vieille peau » (l'expression me fait rire quand je pense aux femmes âgées que l'on traite parfois de « vieilles peaux »). Mais ayant découvert avec La Fontaine que le paon mue, lui aussi[1], je me saisis de cette métaphore. Le plumage du paon est si éclatant, si valorisant ! S'en voir dépouillé doit être une vraie blessure d'orgueil pour un animal aussi suffisant que le paon… ou que l'homme. Échan-

1. « Un paon muait ; un geai prit son plumage », Jean de La Fontaine, « Le Geai paré des plumes du Paon », *Fables*, Paris, Le Livre de poche, coll. « Les Classiques de poche », 2002.

ger le plumage du paon – efficacité, rapidité, compétence, une fascinante gamme de jaunes, oranges et bleus – contre celui de la chouette, assurément plus terne, n'est-ce pas ce qui nous est proposé à nous, personnes âgées ?

Creusons un peu du côté de la métamorphose. Le têtard qui devient grenouille ou la chenille qui se change en papillon évoquent un processus qui n'est pas lié aux saisons de l'année mais aux saisons de la vie, ce qui convient mieux à mon propos. L'adolescence représente l'une de ces transformations. Plus lente, certes, que celle des têtards en grenouilles que mes petits-fils adorent observer, mais indiscutable. Ce que nous appelons vieillesse pourrait se vivre comme une mutation de ce type. Mais tout le monde me rirait au nez si j'osais comparer le quatrième âge à la métamorphose de la chenille en papillon !

Et pourtant…

Pourtant, quand je regarde autour de moi comment vieillissent mes contemporaines, certaines me semblent très clairement se bonifier, développer un humour, une sagesse, une ouverture d'esprit qui surprennent et qui se traduisent parfois par une grâce nouvelle. Grâce qui n'a rien à voir avec la beauté du papillon, mais qui attire comme un parfum subtil pour qui sait le sentir.

Quittons le registre des animaux pour celui des contes qui nous parlent souvent de métamorphoses. Généralement, c'est la baguette d'une fée qui change le crapaud en prince charmant, révélant les virtualités inconnues d'un être repoussant ou, plus simplement, ce qui était caché et que personne ne voyait. Ou encore, plus intéressant, c'est le baiser d'une princesse, accordé par chantage dans *Le Roi crapaud* ou par amour dans *La Belle et la Bête*, qui suscite la transformation. Dans les contes, elle est toujours brutale, liée à un événement extérieur et non à un processus interne. Un tel événement – un baiser, rarement, un deuil, souvent, ou, plus banalement, un simple déménagement – peut-il encore révéler chez nous, personnes vieillissantes, des ressources ignorées ?

Mue ou métamorphose, peu importe, au fond. Les processus s'enchevêtrent sans qu'il soit possible de les démêler. Mais, à coup sûr, il dépend de nous de les entraver, par le repli sur soi, la résignation trop rapide aux infirmités de l'âge, ou de les favoriser par la volonté obstinée d'aiguiser sa curiosité, de s'ouvrir à de nouvelles découvertes, à d'autres plaisirs compatibles avec la fragilité de l'âge. Mon amie Élisabeth s'est mise au piano, une autre à la broderie, d'autres découvrent la prière, l'écriture, le chant…

Oui, je suis convaincue qu'il nous est possible de vivre un tel changement quel que soit le nom qu'on lui donne.

Goûter la vie

Printemps farceur

Plus le temps passe, et plus le printemps donne l'impression de nous jouer des tours. Toute la question est de savoir si c'est moi qui suis devenue plus attentive à ses facéties, ou si, changement climatique aidant, il développe ses foucades, tend ses pièges, se moque de nous, pauvres mortels qui, le dos rond, subissons ses sortilèges.

Paris, lundi 18 février

Dans le tout petit carré de ciel que je peux apercevoir depuis mon lit entre les immeubles qui grimpent à l'assaut du firmament – j'ai choisi l'appartement sur ce critère : voir de mon lit un carré de ciel –, je remarque avec ravissement des traces de bleu. Cette vision me précipite debout ; j'anticipe, vu la date, une journée ensoleillée mais froide et m'habille en conséquence pour sortir. Sur le seuil de l'immeuble orienté plein sud, je suis cueillie par le soleil et par un souffle tiède, certes parfumé aux pots d'échappement, mais indiscutablement tiède. Un air qui invite à une flânerie voluptueuse. D'ailleurs, aux terrasses des cafés, les hommes sont en bras de chemise. La température est remontée de quatre à quatorze degrés… et bien plus au soleil sans doute.

Bazardant d'un revers de pensée les projets de la journée, je me choisis une place en terrasse et me prépare à savourer mon premier café du matin en même temps que l'arrivée du printemps.

Le lendemain, ayant vérifié sur le mur d'en face que le soleil était bien au rendez-vous et allégé ma tenue en conséquence, je me retrouve agressée sur le seuil par une rafale glacée, que j'affronte en me recroquevillant de la pointe des cheveux à l'extrême bout des orteils.

Où diable est passé le printemps ? Farceur, vous dis-je.

Mardi 18 mars

Ce matin, j'ai accompagné une amie à un rendez-vous dans un quartier de Paris que je ne connais pas. Le ciel est gris, comme à l'ordinaire, et je cherche la bouche de métro la plus proche pour retrouver au plus vite une température convenable. Soudain, je m'arrête, figée. Derrière le long mur gris que je longe, j'ai entendu un trille d'oiseau. Un trille d'allégresse capable de renverser des murs d'ennui et de désespérance.

Deuxième clin d'œil du printemps.

Je repars, le cœur gonflé d'espoir. Mais le petit héraut ailé ne récidive pas. Il a dû se faire taper sur les doigts. N'empêche, je l'imagine fier de son coup et moi-même je me sens des ailes aux talons et les oreilles en éventail pour capter les prochaines annonces.

Mercredi 26 mars

C'est par l'ouïe, justement, que j'ai saisi le troisième clin d'œil en parcourant la rue Clerc. Comme les rues Montorgueil ou Mouffetard de merveilleuse mémoire, la rue Clerc est une voie piétonne et commerçante comme en abrite chaque quartier de Paris, une rue qui sert à la fois de refuge et de repère. Plus que d'habiter dans le Ve ou le VIIe arrondissement, on habite près de la rue Mouffetard ou de la rue Clerc. Des refuges contre l'ennui rampant ou l'isolement destructeur. On y rit, on s'y bouscule, on s'y interpelle plus qu'ailleurs. On en commente les trésors – ici un fromage exceptionnel, là une sauce tomate appréciée des sorcières… Bref, des rues qui vivent et font vivre. Aussi n'est-il pas étonnant que le printemps ait choisi la rue Clerc pour lancer sa troisième offensive.

Les bras chargés de trouvailles pour pimenter les repas du week-end, je suis intriguée par ce que je crois être un air d'accordéon. De fait, ce sont des chansons recrachées par une boîte magique qu'actionne un tourneur de manivelle. L'homme en question, casquette vissée de biais façon apache des années trente, chante en même temps qu'il tourne et que les mélodies sortent de son instrument. Deux petites filles blondes l'écoutent, bouche bée, en se tenant par la main. Je m'arrête, moi aussi, touchée par le caractère désuet de la scène tout autant que par les chansons vieillottes qui remuent en moi quantité de souvenirs.

Je commence à m'étonner de l'abandon apparent des fillettes au milieu d'une foule assez dense quand le papa surgit avec un sac de courses. La plus petite et la plus blonde se précipite dans ses bras. À ce moment, le chanteur entonne « La Vie en rose », et le papa se met à valser avec sa fille tandis que, laissant tomber mes paquets alentour, je saisis les mains de la plus grande pour tourner avec elle au rythme d'Édith Piaf…

À l'heure où j'écris, quinze jours plus tard, il pleut des cordes. Se faire traiter de farceur a peut-être vexé le printemps.

Je ne sais si, comme l'affirme le prince Mychkine[1], « la beauté sauvera le monde », mais je suis sûre avec Keats que « *A thing of beauty is a joy forever*[2] ». Si nous sommes attentifs à capter la beauté qui nous entoure, à nous en imprégner par les yeux, les oreilles, le nez même, nous engrangeons un trésor inestimable. Pour nous, mais aussi pour ceux qui nous entourent.

Bonheurs de grand-mère

Mes dernières petites-filles, Suzanne et Lucile, ont trois ans toutes deux. Elles ne sont pas sœurs mais cousines jumelles, nées les 22 et 23 décembre de la même année. Inséparables,

1. Fedor Dostoïevski, *L'Idiot*, Paris, Le Livre de poche, coll. « Les Classiques de poche », 1994.

2. John Keats, *Endymion: A Poetic Romance*, The Original Classic Edition, 2012.

bien sûr, mais si différentes aux yeux de Mamilène qui s'en régale !

Certes, toutes deux sont blondes et tiennent beaucoup à être coiffées de la même manière : frange dans les yeux et cheveux coupés à la nuque. Mais Suzanne est ronde, Lucile toute menue ; Suzanne a la bouche sage, Lucile le nez en trompette ; et si toutes deux sont les troisièmes et dernières de leur fratrie, Suzanne affiche avec assurance son droit d'aînesse (pensez donc, un jour, ça compte é-nor-mé-ment), tandis que Lucile s'installe sans vergogne dans son rôle de petite dernière.

– Il fait noir, constate Lucile en avançant un pied hésitant pour sortir de la voiture, j'ai peur !

– J'ai peur, il fait noir ! gazouille Suzanne de sa voix haut perchée.

– Regardez la lune comme elle brille, regardez les étoiles ! Elles viennent vous dire : « Bonne nuit, Suzanne, bonne nuit, Lucile, bienvenue à Frontenay. »

Intimidées par un tel accueil, les deux petites ont fini par descendre de la voiture. Je les tiens fermement par la main pendant que nous nous dirigeons vers la porte encore close. La nuit nous enveloppe et c'est seulement quand la lumière de l'entrée les a un peu rassurées qu'elles se tournent vers le ciel en agitant leurs mains :

– Merci, les étoiles, au revoir !

Et je me dis que les étoiles protégeront notre séjour.

Ce matin, j'ai été réveillée par des rires étouffés dans la chambre de ces demoiselles qui tiennent salon sur leurs pots.

Je n'entends rien à leur sabir, mais, quand elles me voient, elles s'empressent de me montrer leur beau caca, ce dont je les félicite chaudement tout en nettoyant leurs fesses. Après quoi, les voilà parties, portant fièrement leurs pots bleu et rose avec le projet de les vider dans les toilettes de ma salle de bains. Je suis la procession avec une petite inquiétude… si le contenu se renversait sur le parquet de ma chambre ? Mais non, elles arrivent à bon port, me tendent leurs pots pour que je les rince et s'envolent en piopiotant vers la cuisine pour le petit déjeuner.

Je les suis en chemise de nuit, les pieds fourrés dans des chaussons en peau de mouton dont les bouclettes dépassent. Les filles sont fascinées et se précipitent chacune sur une pantoufle avec l'intention bien affirmée de s'en emparer. Je résiste comme je peux, mais je ris tellement que je me retrouve pieds nus sur le carrelage, les pantoufles aux pieds des demoiselles qui trébuchent ou tombent à chaque pas, sans renoncer à leurs trophées. Par chance il y en a deux… Mais il n'y a pas deux chaises hautes ! Pendant que je prépare les biberons, j'entends derrière moi des hurlements sauvages. Suzanne et Lucile tentent d'escalader par les faces nord et sud l'unique chaise haute de bébé, objet de leur commune convoitise.

Inutile de raisonner des ventres affamés : je cueille Suzanne de la main droite, tout en consolidant du pied gauche la chaise déséquilibrée, l'assieds hurlante sur le banc et lui fourre son biberon dans le bec. Un morceau de pain remplit opportunément la bouche grande ouverte de Lucile et, dans le silence forcé qui s'ensuit, j'entame la phase suivante : négocier.

Tout en buvant mon thé à petites gorgées, j'essaie de convaincre ces demoiselles d'un principe fondateur mais hélas ! controversé de la vie en société : l'alternance. Elles se laissent convaincre plus facilement que la droite au pouvoir de laisser sa place à la gauche, et inversement, ce qui montre bien la supériorité des enfants sur les hommes politiques. L'usage alterné de la chaise haute à chaque repas fonctionnera très bien jusqu'à la fin du séjour.

Suzanne et Lucile minaudent devant la glace, tirent la langue, font des grimaces jusqu'à ce que l'inévitable question surgisse face à leurs petites silhouettes qui s'agitent l'une à côté de l'autre : Qui est la plus grande ?

– C'est moi, affirme Suzanne avec l'autorité que lui donnent vingt-quatre heures de plus dans l'existence.

– Moi, commence à hurler Lucile, prête à défendre ses droits bec et ongles…

Je tourne le dos, ramassant pyjama et chemise de nuit, intéressée par la tournure des événements. Je ne sais plus qui a lancé la question, ni, à vrai dire, ce que cela signifie pour les deux petites. Sauf que, visiblement, « être grande » est désirable et « être petite », minable. Je me prépare donc à intervenir dans l'inévitable bagarre qui va suivre quand j'entends, à ma grande surprise, Suzanne déclarer, enterrant la hache de la discorde naissante :

– Alors, on est deux grandes.

Hélas ! la hache de guerre ne reste pas longtemps enterrée ! Ces demoiselles en petite culotte retournent leurs valises à la recherche des vêtements qu'elles ont l'intention d'enfiler. Chez Mamilène, que les mamans se le disent, on ne met pas de pantalons, on met des *robes*. Ce sont les filles qui l'ont décrété (pas moi !) et c'est comme ça. Le problème est qu'il n'y a qu'une robe dans les valises et qu'elle appartient à Lucile.

L'affaire est grave, je le sens. Suzanne fond en larmes, désespérée de manquer à ce point aux règles obscures qui président à l'habillement des demoiselles chez Mamilène remise en cause dans son identité de petite fille. Là, je sens que l'alternance ne fonctionnera pas, qu'il faut trouver autre chose… Coup de génie : je sors de mes armoires à trésors une chemise de nuit à pois bleus, cousue par une de mes filles autrefois et que les autres petites-filles ont utilisée à tour de rôle jusqu'à ce qu'elle devienne vraiment trop petite. Suzanne l'enfile et se regarde fort satisfaite dans la glace, relevant avec grâce le bord qui traîne un peu par terre… Elle ne consentira plus, pendant trois jours, à enlever la chemise de nuit que pour dormir.

La paix est revenue dans le cœur des filles et je pense avoir rempli mon contrat de grand-mère.

Ainsi font, font, font les p'tites filles
et leur grand-mère
Ainsi font, font, font
Trois p'tits tours et puis s'en vont.

*

Ce bonheur d'être grand-mère, j'en ai goûté les moindres pépites, sucé sans retenue, comme un bonbon acidulé, chaque situation. Je ne remercierai jamais assez mes enfants de me l'avoir permis. Retrouver l'étonnement et les joies de l'enfance, pimentés de l'humour dont les années m'ont permis de faire provision, n'est-ce pas un programme alléchant pour une dame de mon âge ?

J'ai longtemps gardé sur la glace de ma salle de bains (déchiré dans un magazine de la salle d'attente de mon dentiste), ce poème d'un petit garçon de sept ans :

« Les grand-mères n'ont rien à faire ; elles n'ont qu'à être là… Elles savent être sourdes quand il faut, elles se mettent en colère en riant… Ce sont les seules adultes qui ont toujours du temps… Une grand-mère est à conseiller à tous les enfants, surtout ceux qui n'ont pas la télévision. »

Un an plus tard

J'ai invité mes deux coquines à déjeuner avant d'aller au théâtre voir une terrible histoire de loup. Elles arrivent avec leurs sacs à trésors remplis de bijoux pour l'une, de livres et d'albums de coloriage pour l'autre. Il ne faut pas en déduire que l'une est sage et l'autre fofolle :

toutes deux s'entendent comme larrons en foire pour rire de Mamilène et avec elle.

Après des agapes réconfortantes, nous poursuivons le jeu commencé à notre dernière rencontre : je suis le bébé, elles sont les mamans. Nous tirons toutes trois un plaisir infini de ces changements de rôles. Certains jours, je suis censée faire de grosses bêtises, piquer des colères, pleurer indéfiniment… Je me fais sévèrement punir, gronder et même consoler. Retomber en enfance : un vrai régal !

Aujourd'hui, je suis priée de me coucher sur le canapé. Après avoir pris la précaution d'aller chercher un oreiller, je m'installe en chien de fusil tandis que Lucile m'enveloppe d'une grande serviette bleue récupérée à la salle de bains.

– Tu suces ton pouce, Mamilène, les bébés, ça suce son pouce.

Mamilène s'exécute.

Je me trouve ainsi dans la position très confortable de faire ma sieste, choyée par mes petites-filles. Refusant de m'occuper des bruits d'eau qui s'échappent de la cuisine où Suzanne, perchée sur un tabouret devant l'évier, prépare le biberon qui m'est destiné, je ferme les yeux avec un soupir de béatitude.

Soudain, des cris aigus m'arrachent à ma torpeur.

– C'est moi qui ai préparé le biberon, hurle Suzanne, c'est moi qui le donne !

– Mais c'est moi, la maman, crie Lucile, essayant en vain de lui arracher l'instrument litigieux, le bébé est sorti de mon ventre. Toi, tu es la nounou.

– Je veux pas être la nounou, je suis la maman…

Les hurlements de Suzanne atteignent un niveau record et déjà je me bouche les oreilles cherchant une diversion quand j'entends Lucile proposer :

– On pourrait être toutes les deux les mamans. Je serais la maman qui a eu le bébé dans son ventre et toi la maman qui s'en occupe.

Puis elles se tournent vers leur bébé redevenu grand-mère pour demander en chœur :

– On peut avoir deux mamans, n'est-ce pas, Mamilène ?

En cette période agitée par les manifestations pour ou contre le mariage pour tous, la question ne manque pas de sel. Plus soucieuse de protéger ma sieste et la paix de l'immeuble que de participer aux débats de société, j'opine gravement :

– Bien sûr qu'on peut avoir deux mamans ! Après tout, grand-mère et petites-filles sont d'abord faites pour s'amuser ensemble.

*

En malmenant les codes de mon rôle de grand-mère, pour ma plus grande jubilation, j'espère aussi brouiller un peu les frontières, mettre du jeu dans les rôles de mes petits-enfants, comme dans ceux qu'ils seront amenés à jouer plus tard, leur faire sentir qu'un rôle n'est jamais qu'un personnage dont il est essentiel de ne pas rester prisonnier… Espérant aussi laisser entrevoir quelque chose de ma liberté propre et leur faire découvrir la leur. Ce qui n'est pas sans danger d'ailleurs, ni sans difficulté. Il est parfois difficile de respecter le droit au silence d'un adolescent qui ne sait, ne peut ou n'ose pas s'exprimer ; ou encore d'accepter les remarques d'un autre, peu agréables à entendre même si elles sont pleinement justifiées. Trouver le mot juste et sa juste place avec des adolescents n'est jamais gagné.

Ce n'est pas un renversement complet des rôles, mais cela le préfigure car, finalement, j'aurai beaucoup plus appris de mes petits-enfants que l'inverse. Jusqu'à ce que, en fin de compte, ou plutôt en fin de vie, le renversement soit complet. J'ai le souvenir précis d'un tableau vu au musée de Besançon (mais dont j'ai oublié l'auteur) : Énée fuyant Troie en flammes, portant sur son dos son père Anchise. Il arrivera toujours un moment où nous serons portés à notre tour par ceux que nous avons portés petits.

Si Mamilène se mariait…

Nous finissons de déjeuner, Laurence, ma belle-fille, et moi, avec trois de mes petits-enfants : Marion, six ans, petit visage triangulaire encadré de couettes qui se tortillent, Matthieu, quatre ans, rond de partout, bâti en futur rugbyman, et Suzanne, la plus petite et la plus blonde.

Ce ne sont pas des moments qui relèvent d'un long fleuve tranquille, chacun racontant en même temps ce qu'il a fait à l'école, ou donnant son avis sur les raviolis aux épinards ou la nouvelle couleur des cheveux de la maîtresse.

Sans crier gare, Matthieu m'interpelle :

– Mamilène, tu devrais te marier.

Interloquée, je ne sais que répondre.

– Si, si, insiste Matthieu, tu devrais te marier.

– Pourquoi ?

– Parce que, quand on a des enfants, ils ont besoin d'un papa.

– Mais, Matthieu, mes enfants sont grands maintenant. Ils sont devenus des papas eux-mêmes.

– Et alors ? On a toujours besoin d'un papa, même quand on est grand !

Je me mets à rire. Ce petit raisonneur n'a pas tort. Face à une opinion aussi argumentée, je change mon fusil d'épaule.

– Tu sais que j'ai déjà été mariée avec Grand-père Jacques. Tu ne l'as pas connu, mais tu as vu des photos de lui.

– Je sais, mais Grand-père Jacques est mort, maintenant tu es seule et tu devrais te marier.

Dressé sur sa chaise, Matthieu brandit sa fourchette avec conviction pendant qu'un rire court autour de la table. Ma belle-fille intervient pour lui expliquer qu'en matière amoureuse il n'a pas de conseil à donner à sa grand-mère. Matthieu, qui n'a pas la langue dans sa poche, rétorque qu'il donne un « avis » à Mamilène et pas un conseil. Revenue de ma surprise, je lui réponds gravement que j'y réfléchirai et qu'après tout… on ne sait jamais.

On ne sait jamais.

Et si Mamilène se mariait ?

– *Si Mamilène se mariait*, ce serait un bon titre de film, déclare Pierre, le père de Matthieu, quelques jours plus tard, au cours d'une réunion avec ses frères et sœurs.

– Plutôt un bon titre d'opérette, reprend Claire, ma fille musicienne, qui sert l'apéritif.

– De quoi parlez-vous ? s'informe Michel, toujours flegmatique. De la future carrière de diva de Claire ?

– Pas du tout, rectifie cette dernière, vexée, maman nous raconte que Matthieu l'encourage à se marier, alors…

– Alors, conclut Marie, l'aînée, en levant son verre, pour encourager maman dans cette voie, on pourrait en faire une comédie musicale avec swing et froufrous en final.

– D'accord pour swing et froufrous, mais il faut d'abord un récital et des chœurs, enchaîne Claire. Maman écrirait le texte, je vous ferais répéter les chœurs, Michel et Pierre s'occuperaient d'apprendre le swing aux petits-enfants. Le problème, c'est l'accompagnement musical… Marie, tu te sens ?

Un éclat de rire interrompt ces beaux projets – restés jusqu'à aujourd'hui dans les limbes. Mais Mamilène, depuis lors, a rempli son contrat d'écriture… en attendant mieux.

Si Mamilène se mariait
Comédie musicale en un acte

(Chœur des petits-enfants)

Si Mamilène se mariait, quand on arriverait en vacances, il y aurait des bottes pleines de boue devant la porte, une casquette au portemanteau, une odeur de tabac… On entendrait une voix d'homme qui crierait : « Les voilà ! » et on verrait sortir un grand-père la pipe à la bouche, les mains dans les poches, un grand-père qui n'aurait peut-être pas de barbe, dommage, mais quand même des yeux qui rigolent. Mamilène aurait aussi des étoiles plein les yeux, elle se serait peut-être teint les cheveux comme la maîtresse et elle aurait l'air moins vieille.

Avec un grand-père, nous, les garçons, on irait fabriquer des arcs et des flèches et peut-être, s'il n'est pas trop vieux, construire des cabanes. Flore, qui aime tant le foot, pourrait faire des passes avec lui au lieu de taper dans le mur avec le ballon et il connaîtrait sûrement des histoires terribles de pirates… Le soir, il serait assis dans le grand fauteuil à côté de la cheminée, en face de celui de Mamilène et ce serait drôlement mieux quand même.

(Chœur des enfants)

Si maman se mariait, ça serait un peu chamboulant, quand même, de ne plus l'avoir à disposition. On hésiterait à la faire venir pour garder les enfants, mais on aurait moins de soucis pour sa santé et pour le fait qu'elle vive seule. Un homme comprendrait autrement nos problèmes professionnels, sans forcément dériver sur l'état du monde, ce qui est son péché mignon à elle.

– Ça serait comme une cure de rajeunissement, même si ça nous paraîtrait bizarre.

– On pourrait enfin discuter entre hommes et même fumer un cigare !

– Elle s'achèterait peut-être des robes à la mode si quelqu'un lui en faisait compliment, ce qui n'est pas notre fort.

– Et un homme à cheveux blancs pourrait taquiner ses belles-filles et même leur faire la cour…

– Un homme dans la maison saurait choisir des vins assortis à toutes les formes de discussions politiques ou métaphysiques que nous affectionnons tant mais qui s'éteignent parfois, faute de carburant adapté. Sa présence apporterait un petit quelque chose de neuf à l'atmosphère familiale, comme un air de printemps…

(Récital de Mamilène)

Ce serait quand même bien d'être un peu amoureuse. Cela fait longtemps que, tout en regardant avec un faux détachement et une vraie envie les couples s'embrasser à la sortie du TGV, je me dis que ce n'est plus pour moi. Je pourrais enfin flotter dans les nuages et écrire des poèmes, ce qui me correspond davantage que de m'occuper des fuites d'eau dans le toit.

Une présence masculine suffirait sans doute pour que je simplifie les choses que je complique de plus en plus et allégerait la somme inutile de soucis que je me fais. Ce serait surtout merveilleux d'avoir quelqu'un avec qui bavarder en prenant le café de onze heures, que je partage depuis si longtemps avec mon journal. Pas sûr, quand même, qu'il ait cette habitude et je devrais sans doute changer beaucoup de choses à ma façon de vivre. Mais avoir de nouveau un homme dans ma vie… Ce serait comme ces cornets dont je rêvais gamine et qu'on appelait des « surprises ». Comme une surprise géante !

(Chœur final)

Rêvons tous en chœur… Si Mamilène se remariait, elle ferait peut-être des émules chez ses nombreuses amies qui vivent seules. D'autres Mamilène auraient envie de se marier. On pourrait organiser des bourses où des personnes âgées se retrouveraient, ce qui serait plus facile pour elles que d'aller sur Internet. Peut-être faudrait-il faire signer un manifeste… Une chanson qu'on serinerait aux oreilles des vieux, ce serait plus sympathique que de leur parler d'euthanasie !

Avec un petit coup de pouce pour les impôts, des hommes se décideraient à faire le pas et ça libérerait des logements pour les jeunes. La consommation de somnifères baisserait sûrement et le trou de la Sécurité sociale diminuerait d'autant.

On ne sait jamais, avec cette somme de bonheurs dans l'air, les Français râleraient peut-être moins. Nous, les enfants et petits-enfants, ça nous donnerait envie de grandir.

Et tout finirait par une énorme fête…

Si Mamilène voulait bien se marier.

*

Quand je raconte cette histoire – véridique – de l'avis donné par mon petit-fils sur ma vie sentimentale, je suscite autour de moi surprises et rires, parfois un peu gênés. La vie sexuelle des vieux, leur mariage ou remariage éventuel, ne sont plus tout à fait un sujet tabou… Mais presque, et les exemples de personnes âgées vivant en concubinage autour de moi n'abondent pas vraiment.

À y regarder de près, l'avis de Matthieu est pourtant plein de sagesse et rappelle le texte de la Genèse, « Il n'est pas bon que l'homme soit seul ». Certes, le remariage des veufs a toujours été mieux admis que celui des veuves, mais je fais à mes contemporains la grâce de penser qu'ils ont intégré la femme dans le genre humain et entendent l'injonction biblique au sens générique du terme. Pourtant, une enquête récente de l'Observatoire de l'âge (car nous avons un « observatoire » !) souligne l'accent nouveau mis sur le désir d'autonomie des personnes âgées. Défini comme « possibilité de s'organiser comme on veut et de ne pas subir les contraintes des autres », ce désir d'autonomie l'emporte de loin sur la crainte de la solitude, autrefois appréhendée comme un fléau.

Matthieu reste dans la tradition la plus classique. À vrai dire, je ne peux que lui donner raison. Notre désir effréné d'autonomie ne cache-t-il pas une forme de repli sur soi, un rejet de l'autre considéré comme source de contraintes plus que d'enrichissement ? Je dois bien avouer que moi-même, après dix ans de veuvage, suis de plus en plus attachée à mon indépendance et envisagerais difficilement de la sacrifier.

Mais plus encore qu'une leçon de sagesse morale, j'ai perçu dans la suggestion de Matthieu une invitation à mieux entendre, dans le galop de mon cœur, des aspirations souvent confuses, parfois refoulées. Un désir de retrouver des relations de complicité plus tendres, plus subtiles, plus empreintes de légèreté amoureuse que je n'en ai l'habitude.

*

C'est ainsi qu'en avançant dans ce troisième âge tant redouté, j'apprécie de plus en plus le temps qu'il m'offre, à pleines mains, la liberté qu'il me donne, incroyable… et j'éprouve ces plaisirs avec d'autant plus d'acuité que je sais qu'ils ne dureront pas.

À chaque âge le goût de la vie prend des couleurs différentes. Pour la jeunesse, les sensations fortes, la fascination du risque, les passions amoureuses avec, en ce qui me concerne, de grands idéaux et des utopies généreuses. L'âge mûr goûte davantage l'exercice des responsabilités, voire du pouvoir, le sentiment d'accomplissement personnel dont la réussite sociale est le signe peut-être contestable. Ce que je découvre au fur et à mesure de mes tâtonnements, c'est une tout autre façon de savourer la vie. La lenteur qui s'installe permet d'en découvrir la finesse, de prêter attention à des détails insolites avec une sorte de légèreté reconnaissante. N'ayant plus rien à prouver, j'ai le sentiment que la vie m'est donnée comme un cadeau. Ou plutôt comme une surprise, ces surprises que je n'appréciais guère, autrefois, quand elles venaient contrecarrer mes projets mais que j'aimais tant, enfant, quand je suppliais ma mère d'acheter un de ces grands cornets aux couleurs acidulées vendus dans les jardins publics. Ces « surprises », dont on ne savait jamais quelles merveilles ou quelle déception elles recelaient…

Ce goût particulier de la vie que je découvre, Doris Lessing le décrit admirablement dans son dernier ouvrage[1] : « L'approche du grand âge, cette Via Dolorosa, nous est présentée comme une déchéance. Or c'est maintenant que s'ouvre le temps des surprises. L'une d'elles, dont on ne parle jamais : redécouvrir le monde avec la fraîcheur de l'enfant. Tout est merveille. »

Je me régale, au sens propre du mot, non pas en cueillant les roses de la vie (bonnes pour

1. Doris Lessing, *Le temps mord*, Paris, Flammarion, 2015.

adolescents en mal de rêveries romantiques) mais en en savourant le suc. Mais je découvre en même temps combien j'appréhende que ces biens précieux, essentiels, ne m'échappent ; combien les ombres qui planent sur ma vie, comme sur celle de toute personne âgée, ne m'empêchent d'en profiter.

Malgré les ombres qui passent

Appréhensions

Il y a, bien sûr, les soucis d'argent, les brouilles familiales, la complexité de la vie quotidienne… Mais il y a aussi des craintes spécifiques qui touchent ceux qui vieillissent et que leur âge fragilise.

Pourquoi, certains jours, l'horizon semble-t-il bouché ? Pourquoi les nostalgies, les vieilles rancœurs remontent-elles comme le goût âcre d'un renvoi dans la bouche ? Pourquoi, à force de ruminations, tatie Danielle pointe-t-elle son nez avec des revendications qui semblent essentielles sur des situations soudain devenues insupportables ? Pourquoi le plaisir de maronner (car il faut bien avouer qu'il peut y avoir une complaisance à maronner) l'emporte-t-il sur les occasions de se réjouir ?

Bien malin qui pourra le dire.

Quand rien ne vous oblige à sortir – engagements associatifs, famille à nourrir –, la pente du repliement chez soi et sur soi devient vite savonneuse. C'est souvent l'inquiétude d'un avenir menaçant qui provoque cette fuite dans des souvenirs idéalisés ou dans des rancunes réchauffées. Quand nous constatons une douleur nouvelle, un oubli incompréhensible, nous ouvrons les parapluies que nous pouvons. Et ceux de la mémoire ou de l'imagination sont prêts à se déplier en un clin d'œil. Depuis deux jours, je me rends compte que je dois monter le son de la télévision pour suivre un débat et, hier soir, je n'ai rien compris de ce que me disait ma fille au téléphone. Il n'en fallait pas plus pour réveiller une inquiétude bien justifiée – j'entends de plus en plus mal –, associée à une série de nostalgies (celle du temps où j'aimais tant chanter en chœur) et de fantasmes (loin de la voix, loin du cœur : les enfants vont m'oublier).

Je n'ai pas vu le soleil aujourd'hui et le ciel m'a paru sombre, très sombre…

D'autres peurs peuplent nos cauchemars : devenir une vieille acariâtre qui empoisonne la vie de son entourage, aller pourrir dans une maison de retraite, dépendre de la bonne volonté de son entourage pour le moindre acte de la vie quotidienne… Certaines peurs ont davantage les honneurs de l'actualité. Ainsi de l'acharnement thérapeutique prolongeant inutilement des souffrances physiques intolérables. Crainte qui se double de l'angoisse, apparemment contradictoire, d'une fin de vie abrégée sans qu'on l'ait vraiment souhaitée.

Non, il ne pleut pas encore des cordes. Les ennuis, les vrais, la chute du haut d'un escabeau, une hospitalisation d'urgence, l'annonce d'une maladie de Parkinson ne sont pas encore là. Pourtant ces ombres, qui ne manquent à aucune vie humaine, risquent fort de se multiplier avec l'âge car n'arrivent que trop vite les défaillances du corps, celles de l'esprit… et leur appréhension.

Est-ce que je perds la tête ?

Je suis très flattée d'être invitée par Lucile, ma dernière petite-fille, à l'arbre de Noël de son école. Je m'habille donc en grand-mère (foulard Hermès d'il y a dix ans, manteau noir, nuage de laque, soupçon de rouge à lèvres) pour lui faire honneur et bonne figure à côté des autres mamies.

Arrivée à l'école, je vois un flot de parents s'engouffrer dans une superbe salle de théâtre. Un appariteur, galonné de rouge, me confirme d'un signe de tête que c'est bien là et je vais m'asseoir le long de l'allée centrale par laquelle j'imagine que les enfants vont arriver. Sur le programme, la classe de Lucile ouvre la fête avec « *Jingle Bells* ».

Pour tromper mon impatience, j'examine les parents, cherchant des yeux France, ma belle-fille, que je ne trouve pas. Elle est probablement en retard. Je constate que les jeunes femmes présentes sont taillées sur le même modèle : cheveux blonds mi-longs, veste noire sur un jean, écharpe tricotée main… À plusieurs reprises, je crois reconnaître France dans un dos tourné, une façon de relever du doigt une mèche de cheveux. Mais non. Au fur et à mesure que le temps passe, je sens monter un vague malaise : serait-ce possible que ni Michel ni France n'aient pu se libérer pour la fête ?

Enfin ! Dans un tintamarre de clochettes et de cuivres, les enfants arrivent, couronnés d'étoiles, chantant « *Jingle Bells* » de leurs voix perçantes et secouant avec entrain leurs jupettes de tulle rose. Je laisse couler le flot qui passe juste devant moi, cherchant des yeux Lucile, sans succès. Elle n'est pas là, c'est certain. Est-ce qu'elle serait malade ? Michel aurait-il oublié de me prévenir ?

Je me dresse comme un dard, attrape mon sac et me glisse hors de la salle pour essayer de joindre France depuis mon portable. Pas de chance, le portable semble bloqué… Il est bloqué. Au comble de l'énervement, j'appuie au hasard sur toutes les touches de l'engin, rien ne bouge.

Quelque chose serait-il en train de dérailler ?

Tandis que les applaudissements éclatent dans la salle derrière moi, je me précipite à pied chez Michel et France en quête d'informations.

Me hâtant comme je peux (maudit genou qui ralentit mon pas !), je déroule dans ma tête tous les scénarios possibles : « C'est quand même bizarre que Michel ne m'ait pas prévenue, ce n'est pas son genre… Ou alors il a dû emmener Lucile aux urgences… On se calme, Ghislaine, elle n'a probablement qu'un bon accès de fièvre et doit être furieuse de n'être pas à la fête. Ou alors… » Je m'arrête brusquement, ou alors elle est bien à la fête et je ne l'ai pas reconnue.

Serait-ce possible qu'elle soit passée devant moi sans que je la reconnaisse ? Le doute s'insinue dans mon esprit… L'appartement est tout près, je vais vite le savoir.

Pourvu que Viviane soit là !

Ouf ! Quelqu'un répond à l'interphone, Viviane, la plantureuse nounou africaine des enfants, m'ouvre la porte.

– Bonjour, Viviane, où est Lucile ? Elle n'est pas à la fête.

Je m'arrête, encore essoufflée de ma course.

– Pas à la fête ? Mais elle y est sûrement, c'est moi qui l'ai conduite ce matin.

– Et France ? Je ne l'ai pas vue non plus.

– Elle est partie un peu plus tard.

– C'est bizarre quand même… (Le ton de ma voix se fait plus hésitant.) Nos chemins se sont peut-être croisés. Est-ce que je peux téléphoner, Viviane ? Mon portable est bloqué.

– Bien sûr, Mamilène, le numéro de France est affiché au-dessus du téléphone.

Toujours pas de chance ! Le portable de France ne répond pas. J'ai hâte de retourner à l'école et, après avoir bredouillé un « au revoir » à Viviane, je repars à toute allure. « Incroyable de ne pas les avoir reconnues ! Un début d'Alzheimer, sûrement. Comme cette cousine, que j'ai vue hier, qui ne retrouvait plus les noms de ses petits-enfants. Après tout, avec ces tutus ridicules… Oui, j'ai bien pu ne pas la reconnaître… »

J'arrive à l'école, suant et soufflant, juste au moment de la distribution des cadeaux. Je reprends espoir de trouver Lucile en me disant que, dans cinq minutes, je rirai bien de mes angoisses. Dans le tohu-bohu général et les flashs des photos, j'arrive à me glisser sur l'estrade pour bien voir les enfants qui défilent et les parents qui les cueillent au passage. Mon estomac se noue alors que le temps passe et que le défilé s'épuise. Un poids énorme me tombe sur les épaules, des larmes me brouillent les yeux tandis que je peine à traverser la salle, en plein désarroi. Je n'arrive pas à me décider à partir et pourtant je n'ai plus rien à faire ici.

En arrivant dans le hall où l'appariteur surveille le reflux des parents, je reçois une bombe violette qui fonce dans mes jambes.

– Mamilène, Mamilène, pourquoi tu n'es pas venue à ma fête ?

Les joues roses et le regard brillant de Lucile sont levés vers moi pendant qu'elle serre mes jambes de toutes ses forces. À ma gauche, je vois, tout proche, le charmant visage de France et je me dis qu'il était bien impossible de le confondre avec aucun des visages croisés toute la matinée. Je me penche, riant de bonheur, vers la frimousse de Lucile, son manteau violet et l'étoile qui brille dans ses cheveux.

– Mais, petite fripouille, j'étais là ! C'est toi qui ne m'as pas vue.

– Vous étiez là ? s'étonne France.

– Bien sûr, depuis neuf heures et demie. J'étais là, dis-je en désignant la salle derrière moi. Et Dieu sait si je vous ai cherchées !

– Mais la fête avait lieu en haut, au deuxième étage.

Je regarde France, bouche bée.

– Il y avait en bas une fête avec des maternelles. J'étais sûre que ça se passait dans cette salle.

– C'était l'autre école. Je ne savais pas qu'ils faisaient leur fête en même temps et je n'ai pas pensé une seconde à vous dire qu'il fallait monter.

– Alors, Mamilène ! Pourquoi je ne t'ai pas vue ? répète Lucile toujours cramponnée à mes genoux et levant son visage vers moi.

Je lui réponds, retrouvant le sérieux qui convient aux grands secrets :

– Chut ! C'est la magie de Noël. Tu étais dans mon cœur et j'étais dans le tien. Alors tu ne pouvais me voir qu'en fermant les yeux.

*

Je saurais mal expliquer pourquoi, mais cette aventure m'a complètement vaccinée contre la crainte de la maladie d'Alzheimer que j'avais longtemps entretenue. J'étais tellement persuadée d'en constater les premiers signes (avec la résignation d'un joueur de poker qui a perdu la partie) que la brusque prise de conscience qu'il s'agissait d'un simple malentendu m'a fait mesurer l'absurdité de mes angoisses.

Cette crainte est devenue l'une des grandes peurs du siècle. On ose à peine en parler, sauf indirectement, sous forme de plaisanteries lancées à la cantonade qui en disent long sur l'appréhension qu'elles dissimulent. Les maladies de l'esprit ont toujours eu quelque chose d'inquiétant. C'est notre identité qui semble s'effilocher, disparaître au fil de l'eau avec notre mémoire, nos repères dans l'espace, notre précieuse raison qui nous permet de prévoir, d'organiser, de maîtriser notre environnement et quelque peu notre avenir. Bien sûr, avec tout cela, c'est notre autonomie si chèrement conquise et la place que nous occupons dans la société qui s'effacent. Ce qui nous angoisse, ce qui m'angoisse le plus, c'est ce sentiment de se perdre soi-même, de perdre son identité. La réduction, en quelque sorte, à l'état d'objet dépendant complètement d'autrui.

Autrefois, on parlait de retomber en enfance et on ne faisait pas tant d'histoires.

Des défaillances bien réelles

D'abord, elles agacent.

L'une de mes amies, bloquée par un mal de dos brutal, a dû décommander une réunion importante. Non seulement elle s'indigne de ce contretemps fâcheux mais la perspective de devoir, à quatre-vingts ans, ralentir son rythme de vie l'exaspère au plus haut point...

Renoncer à Shiva n'est pas toujours aisé.

Agacent aussi, bien qu'il soit de bon ton d'en rire, le trou de mémoire, l'oubli d'un nom propre, d'un rendez-vous... On en vient à tout noter pour se souvenir, rester dans le train de plus en plus complexe de la vie. Pour ma part, je programme avec minutie au réveil le déroulement de la journée par crainte de ce qui pourrait le faire dérailler. Ce qui ne laisse guère de place au simple bonheur de vivre !

À l'agacement succède la colère contre cet âne bâté de corps qui refuse d'avancer comme il l'a toujours fait, ce cerveau qui n'assure plus comme il le devrait ; contre les médecins, parfaits boucs émissaires, qui ne savent décidément guérir ni l'arthrose ni la vieillesse.

Bon gré mal gré, commence en effet la valse des spécialistes... Le rhumatologue envoie chez le kiné, auquel succède l'ostéopathe. Certains commencent très tôt ce recours aux guérisseurs du corps et de l'esprit. Leurs malheurs, bien réels, envahissent tout l'espace, risquant de pourrir leur vie et celle de leur entourage. D'autres, reculant autant que possible l'échéance, s'efforcent de minimiser leurs problèmes de santé. « C'est la vieillerie », disent-ils avec une désinvolture qui ne trompe personne. Ils préfèrent parfois cacher leurs misères au point, comme une de mes tantes, de n'apparaître en public que quand ils sont au meilleur de leur forme.

Pas simple de trouver le juste équilibre.

Que l'on expose ou que l'on cache ses ennuis de santé, ce temps, dont il semblait que nous disposions encore, commence à être grignoté par les examens de laboratoire, les attentes interminables à l'hôpital… et cette liberté nouvelle, dont nous espérions enfin profiter, est rongée sournoisement par l'inquiétude des résultats d'analyses, l'angoisse de diagnostics parfois assénés brutalement – et, de toute façon, l'assurance de lendemains incertains.

Il faut une bonne dose d'énergie et d'humour pour ne pas se laisser envahir par des paniques asphyxiantes ni démolir par des perspectives qui vont en s'assombrissant. Pour accepter les prothèses, canne, déambulateur, fauteuil roulant qui facilitent incontestablement déplacements et contacts mais semblent si humiliants à utiliser dans l'espace public où ils nous confrontent au regard apitoyé des autres. Pourtant il existe de si beaux fauteuils roulants ! Bientôt âgée de cent ans, ma tante en a choisi un rouge vif qui la comble de satisfaction.

N'empêche...

Traverser la perte

Il y a quand même des choses qui vous restent en travers de la gorge. Quand je dis cela, j'entends des choses perdues qu'on ne retrouvera plus. Il m'arrive parfois de rêver, en regardant mes chevilles gonflées et les vilaines chaussures auxquelles je suis condamnée, à l'époque où j'étais si fière d'avoir gagné un concours de jolies jambes.

Ridicule, voyons !

Et impossible de se plaindre d'un sujet aussi futile.

J'ai réussi à retourner plus ou moins la situation en admirant dans la rue les jambes les plus ravissantes juchées sur des chaussures originales que je vois passer. Sans oser en féliciter directement les heureuses propriétaires, il m'arrive de les remercier de leur élégance – qualité que j'apprécie, d'ailleurs, de plus en plus alors que je m'en fichais éperdument auparavant –, occasion d'un échange gratifiant pour tout le monde.

Enfin, bref… Je fais ce que je peux.

L'une de mes voisines encaisse mal les douleurs du dos et des genoux qui l'empêchent de bêcher son jardin et de cultiver ses petits pois. Une autre, pianiste, ose à peine me montrer ses doigts déformés par l'arthrose : plus question de jouer de l'harmonium à la messe le dimanche. Elles ont le droit de râler ou de se plaindre, tout le monde compatira. Râler soulage (si les proches le supportent) mais ne guérit pas. Alors ?

Comment passer du constat de ces pertes qui se multiplient, d'une vie qui rétrécit à… autre chose que je tente de découvrir en écrivant ces pages ? Comment ne pas s'enliser dans la morosité et dans la déprime ? Comment trouver, en tâtonnant, des relations différentes avec autrui, des satisfactions, une place encore inconnue dans la société ?

Pour traverser la perte – celle d'un être cher, de son travail, mais aussi d'autres moins dramatiques –, une période de deuil est nécessaire, nous le savons bien. Un trou noir, un tunnel à franchir que l'on a tendance à sous-estimer. Il y faut du temps, bien plus qu'on ne l'imagine…

Si j'en crois ma propre expérience, nous avons tendance à oublier ces moments difficiles qu'il nous a fallu traverser. Oubliés ces temps de deuil qui ont pourtant jalonné ma vie comme toute vie humaine, oubliés ces mois qui ont suivi la mort de Jacques et dont je ne me rappelle que sous la forme d'une absence, ces années qu'il m'a fallu pour m'inventer une autre façon de vivre. Il m'arrive parfois de penser que ce sont nos rêves qui gardent le secret des ressources dans lesquelles nous puisons pour surmonter les épreuves, et de vérifier qu'y prêter attention, les saisir au vol fait le plus grand bien.

Ultime complication, en vieillissant : les mauvaises nouvelles, grandes et petites, se multiplient. Le temps nous est compté : nous ne savons pas à quel point, mais la fin se rapproche, l'énergie s'épuise. Comment lutter contre le découragement, l'appréhension qui nous saisissent alors ? Qui me saisissent moi, c'est certain.

À chacun ses stratégies. La mienne, éprouvée depuis longtemps, consiste à rire de moi-même. Le matin, au réveil, je commence par me regarder dans la glace en détaillant les rides, les traits bouffis, la chevelure hirsute et, comme une gamine que je suis encore, je m'exerce à faire des grimaces. Ce sont mes petites-filles, qui adorent faire circuler sur leurs portables des photos déformées de leurs visages, qui m'en ont donné l'idée. Il m'est arrivé d'aller chercher mon appareil pour immortaliser la tête particulièrement réussie (dans le genre affreux) que je voyais dans la glace et de chanter « Gare au gorille » à pleine voix en allant préparer mon petit déjeuner. Une façon de tirer la langue au destin… Une manœuvre bien insuffisante d'ailleurs. Se moquer de la vieille que je suis devenue n'est qu'un premier pas qui demande un certain entraînement. Cet exercice m'a été suggéré par un petit livre de Jacqueline de Romilly sur sa mère que l'humour avait sauvée face aux dégradations de l'âge.

Dans mon arsenal personnel pour traverser les pertes, je m'exerce aussi à développer une certaine bienveillance à l'égard des autres et de moi-même. Ne pas s'attarder sur les multiples défauts de ceux qui vous entourent pour se concentrer uniquement sur leurs qualités, ne pas ressasser ses propres insuffisances pour tenter (plus difficile !) d'apprécier ce qu'on réussit de positif, cela peut s'apprendre aussi.

À chacun ses tactiques, à chacun de les découvrir, de les cultiver, d'en faire sa potion magique quotidienne. Mais je suis sûre d'une chose : il faut apprendre, avec moins de ressources, à être aussi heureux de vivre qu'avant et peut-être à l'être plus.

Oui, à faire plus et mieux, j'ose le dire.

Il est évidemment difficile pour mon amie pianiste ou celle dont le jardin était toute sa vie de trouver une passion de substitution. Mais je vois, autour de moi, une personne paralysée nouer des relations dans le monde entier grâce à Internet, une autre, dans la même situation, continuer de créer en réalisant des broderies magnifiques. Plus simplement, en ce qui me concerne, je m'efforce de « demeurer dans la beauté des choses[1] », de jouir du chant d'un oiseau, de découvrir les ressources insoupçonnées de ceux qui m'entourent et les miennes propres. Faire mieux en dépassant les barrières du milieu social, de l'âge, des principes, sachant que j'ai encore devant moi un sacré bout de route à faire.

Mais enfin, j'ai commencé à l'emprunter, ce chemin… j'ai bien réussi à accepter la perte de mes jolies jambes !

1. Louis Aragon, « Strophes pour se souvenir », *Le Roman inachevé*, Paris, Gallimard, 1956. Également chanté par Léo Ferré.

Des morsures cruelles

L'autre jour, le printemps était en fête, je chantais à tue-tête dans les jardins du Champ-de-Mars, je chantais en me laissant pousser par le vent et je crois même que j'ouvrais grand les bras de bonheur en chantant :

Vlà l'bon vent, vlà l'joli vent
Vlà l'bon vent ma mie m'appelle…

Quand, soudain, une douleur brutale m'a figée sur place. Non, je n'avais plus d'ami qui m'appelait, qui m'attendait. Aucune raison de me réjouir, de chanter une promesse de bonheur que ne m'apportait plus le vent. J'ai regardé autour de moi, désemparée, ne comprenant pas pourquoi le soleil s'était éteint aussi brusquement.

C'est alors que j'ai pensé au petit renard que je croyais pourtant endormi depuis belle lurette…

Cela fait longtemps que ce petit renard dort dans mon giron. J'essaie de l'oublier, mais il se réveille de temps à autre sans crier gare, plantant une dent vorace dans un cœur que je croyais blindé. Parfois, il opère beaucoup plus insidieusement, me vidant de mon sang, de mon énergie, de mon envie de vivre. Il ne mord pas, il suce. Je ne m'en aperçois pas tout de suite, vaquant tranquillement à mes occupations, soutenue par le soleil, un enfant à consoler, un ami malade à faire rire. Puis l'hiver arrive, l'enfant a grandi, l'ami s'est éteint, un matin je me réveille, frissonnant de solitude.

À vrai dire, je ne sais pas vraiment ce qui m'arrive. Lendemain de cuite ? Début de grippe ? Coup de blues ? Me lever demande un effort immense et d'ailleurs je retombe assise sur mon lit, bouche amère, estomac soulevé à la seule idée d'un petit déjeuner à préparer. Autour de moi les objets s'enfoncent dans le brouillard, je me raccroche au *ploc ploc* des gouttes de pluie sur la bordure en tôle de la fenêtre pour ne pas me laisser envahir par le vertige de ce constat implacable : personne ne m'attend, personne n'a besoin de moi…

Le petit renard a bien fait son travail.

Bien entendu, cette morsure ne touche pas seulement les personnes âgées qui vivent seules. Tout être humain éprouve ce sentiment d'esseulement – un vieux mot trop oublié – à certains moments de sa vie. J'avais été très marquée, il y a une vingtaine d'années au musée d'Albi, par un portrait de Toulouse-Lautrec. Il représentait sa mère de face, assise devant une tasse vide. La retombée des paupières sur les yeux baissés, les mains abandonnées sur la table de part et d'autre de la tasse, la blancheur indécise noyant le corps et le décor, tout évoquait ces moments d'absence, cette faiblesse qui nous saisit parfois quand nous prêtons l'oreille à quelque écho intérieur. Ce moment où, étonné, on écoute l'absence : « Tiens, la tasse est vide, l'enfant est parti… »

Alors on peut se tenir là, immobile, sans mots, sans voix pour dire la morsure qui nous déchire les entrailles.

Le plus sûr, dans ces situations de désarroi extrême, est de laisser agir le corps. Se fier aux automatismes qui le mettront en mouvement au moment qu'il estime le plus opportun. Sans même m'en apercevoir, j'enfile la veste chaude dont il a besoin, je me retrouve dans la cuisine sans savoir comment j'y suis arrivée, l'eau chauffe pour un thé devenu urgent. Si boire est sa priorité, il faut le laisser faire ; ce qui n'est pas le plus facile, car la raison cherche à reprendre ses droits avec son cortège de constats (« Complètement idiot tout ça ! »), d'injonctions (« Tu ferais mieux de téléphoner à tes enfants ») qui ne font que m'enfoncer davantage.

Oui, j'ai appris, lentement, douloureusement, à faire confiance à mon corps. Avec le risque qu'il me rejette dans mon lit, en position de fœtus, comme pour se protéger des attaques du petit renard intérieur ou des oiseaux noirs qui semblent le menacer du dehors. À s'immobiliser ainsi, mon corps prend des risques, car les oiseaux peuvent attaquer, le petit renard planter ses crocs. À la stupeur du vide succèdent alors les déchirures d'une douleur ou d'une angoisse telles qu'elles peuvent précipiter le corps hors de son refuge pour commettre n'importe quel acte insensé, voire dangereux. Combien de fois me suis-je retrouvée à courir à perdre le souffle, la nuit, dans les rues d'une ville endormie…

Deux heures du matin dans cette ville de province. La lune brille tout au bout de la longue rue où je cours à perdre haleine. Depuis combien de temps, je n'en sais rien. Je traverse les carrefours à toute allure, droit devant moi dans la ville déserte. Je cours. Comme si une armée d'ombres me poursuivait, et pourtant la lune brille. Je m'essouffle. Je cours encore. Je ralentis, je suis perdue… Je marche cette fois, je reprends souffle et dans le silence de la ville endormie, j'entends, imperceptible, un bruit d'eau. La lune brille, l'eau coule là-bas, dans la fontaine de la rue où je loge. Cette fois, je marche doucement, tout doucement, comme si le bruit de mes pas pouvait éteindre la lune, tarir le goutte-à-goutte de l'eau auquel mon cœur est suspendu comme à la vie qui revient.

Mais la plupart du temps, faire confiance à son corps, c'est se laisser porter par le mouvement qui remet tranquillement les choses dans le courant de la vie. À la fois dans le cours ordinaire du quotidien – préparer du thé, tourner le bouton de la radio – mais surtout dans celui, puissant, du fleuve qui nous emporte tous – hommes, animaux, plantes – avec une implacable exigence : vivre.

Parler, râler, se plaindre

Parfois, l'imagination reprend son pouvoir… et le petit renard en profite pour continuer son travail de sape. L'expérience m'a appris une chose : ne surtout pas laisser les images ou les idées sombres m'envahir. À n'importe quel prix, il faut *parler*.

Parler à haute voix, bien sûr, parler pour dire n'importe quoi, mettre le barrage des mots entre les oiseaux noirs et soi-même. Rire de soi si l'on peut, sinon râler, se plaindre… et tant pis si personne ne nous entend.

– J'aurais pu aussi bien crever ce matin, bouffer des médicaments, sauter par la fenêtre !

(Non, je ne me vois pas du tout sauter par la fenêtre et l'excès de mon propos commence à me calmer. Je poursuis quand même.)

– En tout cas, personne pour m'aider, voisins absents, enfants en vacances, je suis seule, bon sang, c'est pas marrant...

– D'accord, répond une voix intérieure bien connue mais dans laquelle je décèle cette fois un brin de tendresse, tu vis seule mais d'ordinaire tu t'en accommodes plutôt bien. Non ?

– Trop facile de dire ça ! Ce matin, j'étais mal, mal, mal...

– ... Mal, mal, mal, tiens donc !

C'est gagné ! Mon procureur a trouvé la voix de perroquet qui me fait enfin rire. Ce qui est assurément la meilleure des parades, surtout quand on se découvre un allié intérieur qui, pour une fois, n'accuse pas mais se moque gentiment de moi. En toute circonstance, je plaide donc pour la râlerie, pour la grossir, l'exagérer, jusqu'à en faire un feu d'artifice qui soulagera sans accabler ceux qui vous entourent. Mon voisin de palier, par exemple, que je croise dans la cour de l'immeuble en allant vider ma poubelle.

– Comment allez-vous, Madame ma voisine ?

– Comment je vais ? Mais affreusement mal, je vais bientôt en être réduite à marcher avec une canne, deux cannes, des béquilles...

Il n'est pas tout jeune, mon voisin. Comme beaucoup d'hommes âgés, il sait prendre son temps et ne rechigne pas à tailler une bavette à l'occasion. C'est visiblement l'occasion.

– Une canne ? Mais ça fait longtemps que vous devriez en avoir une ! Encore une coquetterie de femme, quand je vous vois claudiquer en poussant votre Caddie… J'en utilise bien une, moi. Et sans ordonnance du toubib encore.

– Parlons-en des toubibs : tous des charlatans, des ignares qui me disent que j'ai de l'arthrose et qu'ils ne peuvent rien pour moi. Ils se fichent bien de mes genoux ou de mon épaule !

Le voisin se met à rire, taper sur les médecins ne peut que faire consensus…

– Eh bien, dites donc, vous n'y allez pas avec le dos de la cuillère !

En aucun cas le voisin ne me prend au sérieux ni ne se fait de souci en m'entendant râler. Ce qui est essentiel, surtout s'il s'agit d'un proche. De mon côté, j'ai transformé un malheur personnel (bien réel) en sujet de drame. En l'amplifiant, je lui ai donné une portée universelle, jouissant du plaisir rare d'être écoutée, autant pour mes griefs que pour mes talents d'actrice.

Sans compter qu'en râlant, par le jeu d'une alchimie que je n'ai jamais comprise mais dont je peux garantir les effets, on retrouve une énergie surprenante.

La plainte, elle, a mauvaise presse : on soupçonne facilement celui qui geint d'exagérer ses maux et de s'en débarrasser en les mettant sur le dos des autres. Elle rime trop souvent avec jérémiades, lamentations qui se répètent indéfiniment, exaspérant l'entourage sans aucun bénéfice pour celui qui ressasse ses malheurs puisqu'il semble ne pas s'en lasser. Alors que, maniée avec délicatesse, utilisée comme un art, la plainte apporte un soulagement précieux à ceux que leur éducation ou leur caractère rendent inaptes à râler. Elle exige d'abord une sorte de prise de distance, la recherche de la formulation juste qui permet de sourire de ses propres maux sans réclamer le statut de victime, la compassion, ni même l'aide de la personne à qui l'on s'adresse. Et, de la part de cette dernière, une finesse d'oreille, la reconnaissance des difficultés exprimées sans donner de leçon ni enchaîner sur ses propres malheurs.

Un art subtil, donc, raffiné même…

Ma voisine, Rosane, la meilleure personne du monde sous ses cheveux blancs mousseux, conduisait encore sa voiture à quatre-vingt-sept ans. Un jour, elle s'endort au volant. Ambulance, hôpital, émotion… Une épaule démise est la seule conséquence d'un accident qui aurait pu lui coûter la vie. Je vais la voir chez elle avec l'intention de la féliciter chaudement de la chance qu'elle a eue. Elle est assise dans son lit, m'écoute la tête un peu penchée, comme elle en a l'habitude et regarde son bras en écharpe d'un air dubitatif :

– Vous savez, à l'hôpital, ils ne sont pas sûrs que je pourrai reprendre le tennis…

Je la regarde, stupéfaite, et n'ose exprimer mon étonnement. Elle poursuit d'un ton un peu mélancolique :

– … Je crois que je vais être obligée d'y renoncer.

Cela dit si gentiment, avec un regret si évident qu'il est impossible de trouver qu'elle exagère. Je l'ai admirée de savoir se plaindre sans jamais chercher à être plainte.

*

Se parler à voix haute, râler avec le ton suffisant pour provoquer le rire, se plaindre même, mettre des mots sur la douleur… C'est déjà retrouver une voix, sa voix « d'être parlant ». Mais c'est aussi faire surgir un double de soi-même. Une altérité est là, qui fait signe. Parler et s'entendre parler, c'est nécessairement être deux, celui qui parle et celui qui écoute. Ma voix que j'entends me sauve du trou noir dans lequel je risquais de disparaître.

La voix de la fraternité

À ces bleus de l'âme – ce que j'ai appelé les morsures du petit renard –, à ce sentiment d'être esseulé, rongé par la déprime ou l'angoisse, la seule véritable réponse est de retrouver la présence d'autres humains, de ses semblables. Pour moi, en sortant tout simplement dans la rue.

La rue, ce sont d'abord des façades, des vitrines, des voitures, des passants… C'est un champ infini de détails à observer, de situations cocasses ou émouvantes, de personnages surprenants. C'est le tapis roulant de la vie sur lequel on peut tituber quelques instants mais où il est bien rare de ne pas arriver à se maintenir.

C'est là que je peux entendre la voix de la fraternité. Là qu'il m'arrive de faire un brin de causette avec un blessé sur son chariot roulant dans les jardins des Invalides, avec une femme qui fait la manche à côté du marchand de légumes ou, comme ce matin, de discuter du roman qu'il est en train de lire avec un SDF installé au milieu de son barda sous le métro aérien. Ce peut être aussi mon voisin de bus que j'interpelle au sujet de l'article qu'il lit à côté de moi, le garçon de café avec qui je taille une bavette, la dame croisée dans la rue dont j'admire l'élégance et les jolies jambes. Peinant avec des cannes anglaises que je maîtrise mal, je rencontre une autre dame dans la même situation. Le comique de la scène me saute aux yeux et je lui lance un « Bon courage » auquel fait écho le sourire qu'elle m'adresse en s'arrêtant. J'ai oublié l'échange qui s'est ensuivi, mais j'en suis sortie avec une gaieté fortifiée et une énergie nouvelle.

Me rebrancher sur l'humain à partir d'une rencontre, d'une émotion, d'une simple curiosité, c'est ma façon d'échapper au piège mortel de l'esseulement. Il me semble qu'on peut donner à cette expérience le beau nom de « fraternité ». Fraternité au sens propre : ce qui nous relie aux autres, hommes et femmes. Mais je pense aussi à ce qui nous relie au monde. Ne peut-on penser, et je le pense, que l'attachement à un animal ou l'émerveillement devant la beauté est l'un de ces liens, parfois le seul qui reste ?

Je n'oublierai jamais la tendresse avec laquelle l'une de mes tantes, très âgée, clouée dans son fauteuil roulant derrière la fenêtre de sa chambre, me décrivait la façon dont les merles, qu'elle observait dans le peuplier en face d'elle, nourrissaient leurs petits. Mais aussi la façon dont les corbeaux attaquaient ces petits et détruisaient les nids. Tout était dit de ses espoirs et de ses craintes dans ces remarques qu'elle me faisait partager.

*

L'ouverture à l'autre sauve. Une ouverture patiemment entretenue, des liens amoureusement multipliés qui permettent de résister aux tempêtes qui peuvent nous submerger. Les ombres ne manquent certes pas à nos vies qui s'alourdissent du poids de l'âge et s'allègent des pertes que nous traversons, mais ce ne sont encore que des ombres légères, des ombres qui passent. Elles nous alertent sur une réalité qui approche et sur l'urgence de nous y préparer.

« Veillez, nous dit un texte de l'Évangile, car vous ne savez ni le jour ni l'heure… »

De quelques chemins découverts…

À bâtons rompus

Ce soir, j'ai rassemblé chez moi un groupe d'amis sur le thème du rire… et nous voilà partis à échanger sur notre vieillissement ! Pas si fréquents que cela, de tels échanges, et hautement recommandables. Mettre en commun non seulement ce qui accable – sujet habituel de conversation entre gens qui prennent de l'âge –, mais aussi les découvertes, le chemin que chacun trouve en tâtonnant.

– J'ai le sentiment que la source est tarie, avoue l'un d'eux sans pathos.

Un aveu à écouter avec respect. Il ne s'agit pas des inquiétudes qui s'amoncellent par moments sur nos têtes, ni de la dépression inavouée, si fréquente chez les personnes âgées. C'est le constat d'un homme qui cherche à donner sens à ce qu'il vit et n'en trouve plus le ressort secret. C'est l'expression d'un assèchement, d'une aridité qui se sont peut-être installés lentement, à bas bruit, mais dont la conscience explose brutalement.

La source semble épuisée.

Physiquement, cette sécheresse est visible sur la peau. L'énergie s'amenuise, ne déborde plus, suffit tout juste à entretenir les gestes nécessaires à la survie. Alors sur quoi s'appuyer pour nourrir l'envie de vivre et, qui plus est, de vivre autrement ?

La source semble perdue.

– Moi, c'est le contraire. Je viens de prendre ma retraite, enfin ! Je suis tellement heureuse de laisser tomber plein de choses, une maison trop lourde, un métier qui m'a passionnée mais auquel je ne croyais plus…, d'abandonner ma vieille peau pour ainsi dire, que j'éclate littéralement du bonheur de vivre, que j'ai le sentiment de renaître.

– Abandonner ta vieille peau…, ne puis-je m'empêcher de répéter. Une sorte de mue au fond…

– Peut-être…

– Tu as retrouvé la source qui semblait perdue, reprend celui qui avait pris la parole en premier, mais comment as-tu fait ? Je n'y arrive pas.

De fait, je ne suis pas sûre que cela se fasse si aisément et j'aimerais qu'Isabelle poursuive sur ce qui a pu déclencher cette mue. Mais une autre femme enchaîne.

– L'image est belle. Moi, j'ai été percutée de plein fouet par la maladie de Lyme[1]. Une fatigue extrême, un épuisement total qui dure, qui dure… Je n'en suis pas vraiment sortie, mais j'ai beaucoup appris de mon corps. Il a été mon maître en sagesse, le meilleur médecin pour lutter contre la maladie et surtout trouver d'autres façons de vivre, d'autres bonheurs. Par exemple, je me suis mise à chanter. J'ai appris à poser ma voix autrement, en la faisant vibrer intérieurement. Alors que cela m'épuisait, le chant est devenu une source de bonheur pour moi et pour mes petits-enfants que je n'ai plus l'énergie de garder.

Pendant que la discussion dérive sur le sujet, très controversé, des maisons de retraite, je poursuis ma réflexion en écho à ce que je viens d'entendre. Écouter son corps, les sensations inconnues que m'envoient un genou doulou-

1. Maladie infectieuse transmise à l'homme par une piqûre de tique.

reux ou un pied qui s'assure précautionneusement du contact du sol, éprouver un certain plaisir à effectuer des mouvements au ralenti quand ils deviennent difficiles. Je râle contre ce vieux compagnon qui semble m'abandonner mais découvre aussi, grâce à lui, des saveurs inédites quand je prends le temps de cuisiner, des odeurs étourdissantes quand je hume le printemps… Mon corps pourrait-il devenir une source de jouissance malgré les handicaps dont il m'accable ? C'est en parlant avec ma podologue de la crainte de tomber qui me décourageait d'entreprendre des promenades seule en forêt, qu'elle m'a suggéré :

– Vous devriez vous exercer à mieux sentir le sol avec la plante de vos pieds, en marchant pieds nus le matin sur des surfaces variées, en en sentant le froid, la texture, la rugosité et en continuant à travers vos chaussures à sentir les déclivités du sol et là aussi sa texture.

Depuis que je m'y exerce, je trouve cela très jouissif.

Le débat s'est orienté vers les interdits en cours dans certaines maisons de retraite : défense d'aider au jardin, de participer à la confection des repas et même de donner des miettes aux oiseaux ou de faire pousser des plantes dans sa chambre… Je raconte l'histoire de Karima, une amie qui dirige un foyer pour personnes handicapées.

– Tu comprends, m'a-t-elle expliqué, je savais bien qu'en dépit du règlement les résidents nourrissaient tous les chats du quartier. Ça avait commencé par un chaton abandonné par sa mère que l'un d'eux avait rapporté de son boulot au Centre d'aide par le travail. Impossible de noyer le chat ! J'ai donc fermé les yeux sur la solution trouvée par une éducatrice : installer le chat dans un vieux garage inutilisé. Il est évidemment devenu la mascotte de la maison et chacun allait le nourrir et le caresser à tour de rôle. Ça s'est vite su dans le petit monde des chats du quartier… J'ai dû acheter des litres et des litres de lait supplémentaires !

« Voilà qu'un inspecteur s'est annoncé inopinément. Pendant que nous faisions le point dans mon bureau, les résidents s'efforçaient de chasser les chats interdits de séjour qui ne l'entendaient pas de cette oreille. L'inspecteur a fini par s'étonner des miaulements et des invectives provoqués par cette régularisation de dernière minute. Je lui ai soutenu qu'il s'agissait sûrement des chats du voisin, mais j'avais vraiment du mal à me retenir de rire ! »

Cette histoire, en tout cas, fait bien rire l'auditoire qui s'accorde à dire que le contact avec les animaux ou la nature est source de plaisirs inépuisables pour les personnes âgées.

– C'est la solidarité des vivants qui joue à plein, déclare une participante.

– Pour moi qui suis une indécrottable citadine, reprend une autre, ce n'est pas la nature qui m'inspire le goût de vivre. Bien sûr, je suis sensible à une branche de prunus en fleur, à la fraîcheur de l'ombre des marronniers en été. Mais je me régale tout autant de l'humour d'une publicité, de l'arrangement original d'une boutique, de la silhouette d'une jolie femme. Les manifestations humaines de la vie me touchent plus qu'un chaton ou une plante. Et ça, j'en deviens de plus en plus gourmande au fur et à mesure que, l'âge venant, j'ai plus de temps pour moi.

– Autrement dit, ce qui nourrit notre envie de vivre, c'est la vie, tout simplement. Celle des plantes ou des animaux, mais aussi la vie des hommes dans l'immense variété de ses expressions, conclut le philosophe de service.

– Bien sûr, déclaré-je avec fougue. Mais c'est la vie dans la mesure où elle nous surprend, nous saute à la figure, fait craquer les coutures de nos idées toutes faites. Dans la mesure où elle réveille nos sens endormis, notre capacité d'admiration blasée…

– Possible, grogne un autre, coupant court à mes envolées lyriques, mais si tu attends que ça te tombe dans le bec, tu peux attendre longtemps ! À mon avis, ça s'apprend. Il faut s'entraîner longtemps à voir les choses autrement, à s'en émerveiller ou à en être scandalisé. Ça ne vient pas tout seul !

Non, ça ne vient pas tout seul, j'en conviens. Il y faut non seulement du temps à revendre et un entraînement patient, mais sans doute aussi un petit coup de pouce extérieur. Quelque chose qui modifie, sans que nous en ayons conscience, nos façons de voir, de sentir et même de penser. En cherchant comment cela avait pu m'arriver, à moi, un souvenir m'est revenu.

À *la poursuite du lapin blanc*

Tout avait commencé par un déménagement, suivi d'une installation provisoire chez l'une de mes filles partie pour l'étranger. J'avais dû quitter mon appartement inopinément et j'avais un an pour en trouver un autre. Je me suis donc posée chez elle avec ma valise… et j'ai beaucoup marché dans les rues. Un chouïa de dépression, sans doute, lié à l'abandon d'un lieu où j'avais des souvenirs heureux… Je marchais un peu au hasard, d'abord à la découverte de ce nouveau quartier puis, vaguement, à l'affût d'un logement.

L'automne était doux. De petits jardins aux feuillages jaunis offraient leurs bancs aux passants en quête de songeries. Je m'y posais, puis je repartais, m'imprégnant dans mes déambulations des mille détails qui, aujourd'hui, me rendent délectables les rues parisiennes.

C'est comme cela que je l'ai découvert, au hasard d'une flânerie. Un derrière de lapin avec sa petite queue blanche dessiné sur une affichette, elle-même collée de travers sur un réverbère. Je stoppai net, fronçant les sourcils. Cette affichette, une pub pour un cours de dessin, m'évoquait autre chose. J'attendis patiemment que cela se précise en détaillant le croquis, tracé d'une main leste. Soudain, je sursautai : j'étais devant le lapin d'*Alice au pays des merveilles* qui m'invitait à le suivre. Je suis restée longtemps devant ce réverbère, attendant sans doute qu'il se passe quelque chose. Dans ma tête, ça tournait à toute vitesse : Dans quel trou ce lapin cherchait-il à m'entraîner ? Sans doute à l'intérieur du réverbère car, alentour, je ne voyais aucune ouverture. Les réverbères avaient-ils des racines plongeant dans le sous-sol parisien ? Il me fallait absolument devenir toute petite comme Alice pour pénétrer dans ce monde inconnu… Mais par où ?

Je me suis arrachée difficilement à l'invitation de ce lapin pour continuer ma route, gardant en tête cette idée idiote : je devais trouver un trou pour m'y glisser, une faille qui m'ouvrirait le pays des merveilles.

Je continuais mes balades, mais l'automne tournait à l'hiver, le vent sifflait, glacial, soulevant les feuilles mortes comme fétus de rêves envolés. Mes poches se remplissaient de bouts de papier sur lesquels je notais mes découvertes, mais aucune ne m'occupait davantage que le derrière du lapin blanc. J'ai fini par m'aviser qu'il était temps de chercher un appartement, ce qui a élargi considérablement le champ de mes explorations dans les quartiers de Paris, découverts au fil d'annonces alléchantes dans les revues spécialisées.

Pourquoi, quand on n'habite pas chez soi, a-t-on du temps devant soi ? J'étais une femme du genre affairé, comme le lapin d'Alice, consultant sans cesse ma montre pour ne pas être en retard. En retard chez la duchesse ? Bien peu de duchesses m'attendaient dans la réalité ! Mon prof de gym ? Le kiné ? Non, c'était la crainte du retard dans le programme que je m'étais fixé qui me faisait courir. Privée de ces attaches sournoises que sont le téléphone et Internet, j'avais du temps, beaucoup de temps…

Ma façon de chercher n'était probablement guère efficace, car je ne trouvai rien à louer… À défaut d'un terrier de lapin où j'aurais pu me glisser, le trou de la dépression se creusait, insidieusement, au fur et à mesure du froid persistant, des échecs qui s'accumulaient, des journées d'hiver qui ne laissaient place à aucun espoir de printemps. Je dormais mal, recroquevillée sur un canapé en regardant la pluie ou la neige tomber derrière les fenêtres. Le lapin blanc avait disparu là où je ne l'attendais pas : à l'intérieur de moi, qui ne me sentais plus chez moi nulle part.

Alors je partais de plus belle au hasard des rues.

Lentement, je progressais dans la découverte des merveilles que réservent les rues de Paris à qui prend le temps d'y flâner. Cette inscription sous la photo aguichante d'une jeune fille qui vous regardait droit dans les yeux – *Cherche un homme toujours en retard* – m'a fait rire un bon moment et j'en ai guetté d'autres du même acabit. Un petit garçon hurlant de joie sur le fauteuil roulant de son grand-père qui en actionnait les roues et l'avait lancé à toute vitesse sur le trottoir m'a mis du soleil au cœur. J'ai osé pousser la porte du *Bar des timbrés* et celle de la *Belle-mère qui fume* pour questionner les tenanciers sur des appellations aussi surprenantes. J'ai découvert le plaisir de bavarder avec des inconnus, passants ou passagers du métro et des bus que je sentais bien disposés.

Un soir, j'ai repéré une montagne de couvertures dans un recoin de la rue où j'habitais. Les cannettes de bière éparpillées tout autour et les ronflements qui s'en échappaient signalaient clairement la présence d'un SDF. Je me suis arrêtée, hésitant sur la conduite à tenir. L'odeur n'était pas très ragoûtante, mais le ronfleur avait quelque chose d'abandonné, de touchant qui m'a fait déposer à côté de lui le sandwich que je venais d'acheter pour mon dîner, n'ayant pas le courage de me cuisiner quelque chose. Ce soir-là, j'ai apprécié de me retrouver au chaud alors qu'il faisait si humide dehors. Les jours suivants, j'ai répondu au « Bonjour » sonore et quelque peu pâteux lancé par ce nouveau voisin. S'en sont ensuivies quelques semaines d'une relation assez cocasse entre deux SDF d'un genre bien différent : Neptune (c'est ainsi que je l'avais surnommé à cause de son opulente barbe blanche) qui avait déniché un coin tranquille où il pouvait faire causette en me soutirant quelques sous pour picoler ; moi qui, ne me sentant pas bien dans l'appartement où je campais, cherchais de la compagnie. L'histoire s'est terminée comme on pouvait le prévoir. Sur plainte des voisins dérangés par les vociférations dont Neptune était coutumier quand il avait trop bu, le SAMU l'a embarqué, malgré ses protestations véhémentes.

Neptune avait eu le temps de m'apprendre quelque chose d'important : les SDF sont fréquentables au même titre que tous les êtres humains croisés dans la rue avec qui j'ai eu plaisir à échanger quelques mots. Avec une supériorité incontestable : ils ont du temps.

Mine de rien, le lapin blanc m'avait entraînée dans une drôle d'aventure ! Du regard affûté que j'avais adopté dans mes promenades parisiennes pour repérer les situations comiques, les personnages et les détails incongrus, j'étais passée au plaisir d'échanger avec des inconnus, d'initier des relations passagères mais savoureuses avec des SDF. En me faisant trébucher dans les chausse-trapes du quotidien, il m'avait fait découvrir les trous dans lesquels un lapin peut disparaître, et moi derrière, vers un pays de merveilles où certaines rencontres peuvent bouleverser durablement.

Dans la rue

Je l'avais toujours vue une cigarette au bec. Une cigarette qui devenait vite mégot, ce qui lui permettait d'interpeller les passants pour s'en faire offrir et allumer une nouvelle. Je l'imaginais parier avec elle-même pour passer le temps : « Combien de minutes avant qu'un de ces salauds ne fasse un geste ? » Et le geste, dans l'intimité des têtes rapprochées, protégeant des vents adverses la flamme vacillante du briquet, comptait bien autant que la cigarette… Le « merci » qui suivait invitait à un début de causette dont certains – surtout les hommes – se saisissaient tandis que d'autres disparaissaient comme des fantômes dans le brouillard de l'hiver.

Elle était sur ma route quand j'allais prendre le métro. Autant dire que je la croisais souvent dans cette rue protégée de la bise, dont les bouches de chaleur attiraient d'autres sans-abri, qui s'installaient sur le trottoir avec leur bazar. Elle restait à l'écart, perchée sur un ressaut de pierre à l'angle du Franprix. La première fois que je l'ai vue, avec sa robe démodée mais soignée, ses traits un peu bouffis, ses cheveux plats coupés en dessous des oreilles, elle m'a fait penser à un vieil oiseau migrateur, laissé pour compte par ses congénères partis vers des pays plus chauds. Pourtant, elle ne semblait pas si vieille que ça, martelant le mur du talon de ses escarpins rouges quand les choses n'allaient pas comme elle voulait, que les passants se faisaient rares, le froid plus mordant, que le soir approchait…

C'est un soir, justement, qu'elle m'a interpellée pour la première fois :

– Vous auriez pas quelques euros pour une chambre cette nuit ?

Je me suis arrêtée pour chercher dans mon sac. Manque de chance, je n'avais vraiment pas un sou.

– Je suis désolée, ai-je bafouillé, horriblement gênée, ce sera pour la prochaine fois.

– Pas grave, a-t-elle laissé tomber en tirant sur sa cigarette, c'est déjà sympa de vous être arrêtée.

J'avais à peine tourné l'angle du Franprix que je me suis rappelé une poche extérieure de mon sac où je fourrais souvent un peu de mitraille. Aussitôt, j'ai fait demi-tour en brandissant fièrement une pièce de deux euros qu'elle a reçue en hommage, comme une reine. Puis je me suis enfuie dans la neige qui commençait à tomber, sans saisir l'occasion offerte par le « merci » qui a claqué dans la nuit et m'a poursuivie comme un remords jusqu'à la bouche du métro.

Depuis cet épisode, je me suis souvent arrêtée pour lui donner les deux euros que j'avais préparés à son intention. Ou parfois, pressée, je me contentais de lancer un « Bonjour », quand j'avais oublié de m'approvisionner en monnaie ou que j'avais décidé que trop, c'est trop : trop de SDF quémandeurs, trop de catastrophes dans les journaux, trop de malheurs que je ne voulais plus voir. Elle ne semblait pas m'en tenir rigueur et répondait à mon bonjour ou à mon bonsoir par un clin d'œil complice. Nous n'étions plus des étrangères, passante ou SDF anonymes, nous nous reconnaissions. Si peu que ce fût, il me semble que nous comptions l'une pour l'autre.

Un matin – je crois me rappeler qu'il faisait soleil mais peut-être est-ce le souvenir émerveillé de notre échange qui a déteint sur ma mémoire –, elle m'a apostrophée avec insistance, du ton à la fois joyeux et énigmatique de celle qui a une surprise à faire.

– Regardez-moi ça !

Je me suis approchée avec réticence, ne me sentant pas vraiment d'humeur, ce matin-là, à soutenir une conversation. Elle a insisté.

– Vous voyez ce truc ?

Je me suis penchée, vaguement intriguée, vers ce qui m'a paru être un flacon violet et doré, un peu tape-à-l'œil, mais contenant quoi ? Ses mains cachaient l'étiquette et son air triomphant laissait deviner un mystère important.

– C'est un cadeau, m'a-t-elle précisé, vous ne devinerez jamais ce que c'est.

Cette fois, ma curiosité était piquée et, sentant qu'elle brûlait de dévoiler son secret, j'ai déclaré forfait…

– Fermez les yeux et respirez, a-t-elle dit.

J'ai obtempéré, trouvant la situation pleine de sel. Une odeur de violette, un peu sucrée, a rempli mes narines aux aguets.

J'ai éclaté de rire en m'écriant :

– Un parfum !

– Oui, un parfum qu'on m'a donné ce matin. Vous trouvez pas ça génial ? J'ai quarante ans et c'est la première fois qu'on m'offre un parfum. Vous voulez que je vous raconte ?

J'avais complètement oublié les courses à faire, le rendez-vous urgent, le programme de la journée…

– Bien sûr.

– Eh bien, c'est un jeune homme malheureux en amour. Il avait acheté ça pour l'anniversaire de sa copine. Ils se sont engueulés et quand je lui ai demandé une clope tout à l'heure – j'ai bien vu qu'il avait une tête d'enterrement –, il m'a raconté son affaire et m'a donné ça ! Remarquez, ajouta-t-elle avec une sorte de dignité, il a vidé son sac et ça lui a peut-être fait du bien. Le flacon, c'était sa façon de dire merci. Mais quand même, c'est la première fois qu'on m'offre un parfum…

Après l'avoir chaudement félicitée, je l'ai quittée en me disant que cet événement allait sans doute illuminer sa journée et, à coup sûr, la mienne.

Je l'ai revue quelques jours plus tard, juste avant de partir pour le Jura. Impossible de s'y tromper, le printemps flottait dans l'air. Pépiements d'oiseaux, changement subtil de la lumière – instinctivement nous l'attendions tous, passants, SDF et moi-même.

Je remontais la rue en chantonnant, sans trop savoir quoi. Du haut de son perchoir, elle m'a lancé, triomphante :

– Piaf !

J'ai stoppé net, c'était bien Piaf. Nous nous sommes mises à chanter toutes deux, à gorge déployée, en pleine rue, sous l'œil étonné des passants :

Non, rien de rien, non, je ne regrette rien…

Pour finir, je l'ai embrassée sur les deux joues.

Chapelet

Le TGV file vers le sud.

J'ai toujours aimé voyager en train. Cela me donne un sentiment de liberté extraordinaire. Autrefois, j'y travaillais beaucoup, réservant les dossiers les plus difficiles à ces moments privilégiés où personne ne pouvait me déranger. Plus tard, j'ai continué à y écrire avec le même plaisir contrasté que dans les bistrots : se sentir seule au milieu d'un tas de gens vivant leurs vies. Aujourd'hui, je cultive jalousement le privilège de ne rien faire, et c'est peut-être le seul lieu où je m'y sente vraiment autorisée. Aussi est-ce dans une perspective de vacances complètes que je me dirige vers le bar pour prendre un café, traversant plusieurs wagons chargés de voyageurs, évitant les jambes tendues comme autant de pièges en travers du couloir, captant au passage des visages fatigués ou bienveillants, réjouis ou revêches…

Je passe devant un groupe de jeunes gens qui mènent un joyeux tapage. Entre les mains de l'un d'eux, je remarque un objet constitué de grains dans lequel il me semble reconnaître un chapelet et j'entends une bribe de phrase articulée un peu plus fort que les autres :

– C'est quoi, le code ?

J'ai déjà dépassé le compartiment et j'hésite une seconde avant de revenir sur mes pas pour intervenir dans le débat. La curiosité est la plus forte.

– Vous voulez savoir ce que c'est ?

– Ben oui, comment on s'en sert…

– C'est pour dire des prières.

– Ça, on sait, mais les grains, ça sert à quoi ?

Le groupe est composé uniquement de garçons, cheveux coupés ras, pantalons couverts de poches à soufflets. Je comprends qu'ils sont musulmans, et s'interrogent sur un signe religieux qui leur est étranger. Leur curiosité me touche.

J'explique donc que le « code » consiste à alterner des prières à la Vierge Marie : dix grains, dix « Je vous salue, Marie », et une prière à Dieu le Père – le « Notre Père » – sur le grain unique qui sépare les dizaines. Je ne pousse pas l'explication jusqu'à préciser que chaque dizaine évoque un « mystère » de la vie de la Vierge. D'ailleurs, j'aurais été en peine de me les rappeler moi-même !

– Mais il est cassé, votre chapelet…

Mon interlocuteur paraît un peu gêné et bafouille :

– Comment ça ?

– Il manque la croix et les grains qui la précèdent. Là, ça fait comme un collier.

Ils se mettent à rire et le porteur du « collier » s'empresse de me rassurer en désignant son copain :

– Vous en faites pas, il va le réparer.

Et celui-ci de marmonner à mi-voix :

– Ça protège peut-être…

En moi-même, je pense qu'ils veulent porter au cou cet objet magique mais sans la croix qui signe trop visiblement son appartenance chrétienne. Je suis de plus en plus intriguée, car tous semblent intéressés et même envieux du détenteur du chapelet. Les questions se bousculent dans ma tête : D'où vient ce chapelet ? Qu'est-ce qu'ils en attendent ? N'osant pousser plus loin, mais espérant en savoir plus, je leur explique qu'à chaque récitation les doigts glissent sur les grains de buis, ce qui évite de s'endormir. Ça les fait rire et un petit s'enhardit à me poser la question qui visiblement lui brûle les lèvres :

– Et vous, M'dam, vous en avez un ?

Je leur avoue que je n'en ai plus, mais que j'en ai possédé un, offert à l'occasion de ma communion, quand j'avais sept ans (je les vois évaluer mon âge en un clin d'œil), à une époque où beaucoup de gens récitaient encore leur chapelet et pas seulement, comme aujourd'hui, les prêtres et les religieuses. Un murmure intéressé parcourt le groupe. C'est donc un objet important que l'on donne dans des circonstances particulières. Je sens bien que je ne leur enlèverai pas de la tête qu'il possède une valeur magique.

D'ailleurs, ai-je envie de les convaincre de quoi que ce soit ? Je suis surtout émue de cet échange autour d'un objet devenu presque aussi insolite pour moi que pour eux, émue de l'intérêt religieux qui pointe sous la question du « code », émue de la fragilité que révèle leur souci d'être protégés… Je ne prolonge pas la conversation, déjà émerveillée qu'elle ait été possible, et je continue, songeuse, ma route vers le bar. Tout en savourant mon café, je regarde défiler le paysage dans la brume, monotone, rythmé par le seul passage des caténaires comme les grains du chapelet qui se dévidaient sous les doigts arthritiques de ma vieille tante religieuse. Je me sens pleine de gratitude envers ces jeunes qui m'ont permis de renouer avec ces souvenirs oubliés.

En repassant devant le groupe, je les gratifie d'un sourire et d'un petit signe de la main auxquels ils répondent en chœur par un « Salut » qui me rajeunit d'au moins dix ans !

*

Garder le contact avec les plus jeunes, c'est le cadeau inouï que nous font nos petits-enfants et auquel beaucoup de personnes de mon âge aspirent.

Les jeunes sont porteurs, sans toujours le savoir, d'énergie, de façons de voir et de sentir qui peuvent parfois nous heurter mais sont autant de promesses d'un monde différent. « Chacun d'eux, écrit Hannah Arendt, est un nouveau commencement, commence, en un sens, un monde nouveau. »[1]

Garder ce contact devrait être une préoccupation majeure pour nous tous, personnes d'un certain âge, dans le souci égoïste – et justifié – de continuer à évoluer et à grandir. Mais aussi dans l'espoir que notre propre sagesse (car nous sommes tous bien persuadés que nous en avons des trésors !) rencontrera leur force d'invention et leur appétit de vivre.

1. Hannah Arendt, *Le Système totalitaire*, Paris, Le Seuil, 1972.

Temps de chien

– Quel temps de chien, mais quel temps de chien…

Ce matin, je ne cesse de grommeler pour me donner du courage. Il a neigé hier, beaucoup. La ville est devenue tout à coup une splendeur de silence blanc, merveille pour flotter dans les nuages. Mais aujourd'hui tout fond, on patauge dans la bouillasse sous la chape oppressante d'un ciel uniformément gris.

Et je râle, je râle…

Je prépare l'anniversaire de ma petite-fille et c'est bien la seule raison qui m'a poussée à sortir. Heureusement, les jardins des Invalides gardent quelques traces de la blancheur d'hier, ce pourquoi je lève les yeux, jusqu'alors obstinément fixés sur mes pieds.

Tout à coup, j'entrevois, au-delà des buis encore poudrés de neige, un brancard monté sur roues. En m'approchant, je me trouve devant un homme couché à plat ventre sur ce chariot. Il s'appuie sur les avant-bras pour redresser la tête, coiffée d'un capuchon, et regarde passer le monde. Je savais, bien sûr, qu'il y avait un hôpital militaire aux Invalides, mais je n'avais jamais vu de malades dans les jardins et encore moins sur un chariot roulant.

J'hésite quelques secondes puis, sans plus y réfléchir, je m'arrête pour engager la conversation.

– Je ne vous dérange pas ?

Sous la capuche, le visage est relativement jeune mais creusé, très pâle, pour ce qu'on en devine entre les cheveux bruns et un début de barbe en collier. Les yeux, brillants, sont enfoncés dans les orbites.

– Non, dès que je peux, je sors. Voyez, je peux avancer en poussant les roues avec mes mains. Rester dans les chambres est insupportable.

En découvrant une cigarette au bout de ses doigts, j'ajoute d'un ton léger :

– Peut-être aussi pour fumer ?

– Surtout pour fumer ! reconnaît-il en ébauchant un sourire. Et vous ? Une petite promenade pour garder la forme ?

– Exact. J'essaie de marcher au moins une demi-heure par jour.

– C'est ce que je dis à ma grand-mère qui a plus de quatre-vingt-dix ans : il faut marcher, sinon on s'engourdit.

– À son âge, on peut comprendre qu'elle n'en ait plus très envie.

– On peut comprendre…

Un silence s'installe, léger comme un flocon de neige. Puis je reprends, osant la question qui me taraude.

– Vous êtes là pour longtemps ?

– Ça, on peut pas savoir…

Je devine son haussement d'épaules et me reproche cette question trop directe, qui a dû le heurter et me renvoie de plein fouet notre différence : moi, marchant pour garder la forme, lui prisonnier de ce chariot, peut-être invalide à vie.

Pourtant c'est lui qui poursuit :

– Ce qui est bien, ici, c'est que les médecins et le personnel soignant ne parlent pas derrière votre dos. Dans les CHU, en province, on entend le patron parler avec ses assistants dans le couloir et quand il entre dans la chambre, c'est tout sucre tout miel, on vous dit jamais les choses en face.

– Ici, c'est différent ?

– Complètement différent, et pour tout le monde c'est pareil. On ne vous ménage pas. Ils savent pas tout, bien sûr, mais au moins ils racontent pas de bobards.

– C'est peut-être la culture militaire.

J'en étais convaincue, persuadée que l'armée entretient un rapport étroit avec la mort qui l'affranchit des états d'âme de nos contemporains. Mais l'homme paraît dubitatif et coupe court :

– Enfin c'est comme ça ! Et vous, vous avez des petits-enfants ?

– Oui, tout un tas ! D'ailleurs, je suis en mission commandée pour préparer un anniversaire.

– Pour chercher des cadeaux ?

– Non, pour préparer des jeux, des devinettes dans le jardin du musée Rodin, sur les statues, leur faire décrire ce que ça représente, ce que ça évoque pour eux…

– Ça, c'est important ! Les grand-mères, c'est vraiment fait pour transmettre des choses, raconter des histoires. Ça compte beaucoup pour les enfants. Moi, ma grand-mère…

Ça y est, il est lancé, je bois du petit-lait. Pour quelques minutes, nous oublions, moi le temps de chien et mes genoux raidis, lui sa maladie ou son infirmité. La vertu des grand-mères tisse autour de nous un fragile cocon de bonheur.

Leçons de vie

Aujourd'hui, ce n'est pas l'hôtel des Invalides qui reçoit ma visite, mais l'hôpital Saint-Maurice, où ma petite-fille Agathe, onze ans, vient d'être transférée après une opération lourde. Pour l'heure, elle est couchée, elle aussi, sur un brancard monté sur roues, mais sur le dos et ne peut donc en actionner les roues. Elle est prise dans un plâtre qui l'immobilise du bout du gros orteil gauche jusqu'en dessous des bras qui, heureusement, restent libres. Elle ne peut que tourner la tête à droite ou à gauche pour boire avec une paille et se faire emboquer à la petite cuillère.

Il règne dans cet hôpital de rééducation pour les enfants une étonnante atmosphère de jeu. La plupart d'entre eux manipulent leur lit ou leur fauteuil roulant avec une dextérité extraordinaire. Les larges couloirs résonnent des hurlements de ceux qui jouent au baby-foot ou lancent leurs chariots à toute allure dans des courses de vitesse un peu effrayantes pour les nouveaux arrivants.

C'est mardi gras. À peine installée dans sa chambre, Agathe est emmenée pour une séance de maquillage. Elle peut s'admirer dans la glace qu'elle tient au-dessus de sa tête de la main gauche, sans oser encore utiliser elle-même les crayons que l'animatrice lui a fourrés dans la droite. Tout cela est si différent de l'hôpital Necker où elle a été opérée, avec son protocole de soins minutieux et le professionnalisme sans concession du personnel soignant.

Si la peur de ne jamais plus pouvoir marcher la jette parfois dans des crises de sanglots désespérés, le rire revient très vite quand son frère lui débite des blagues dans le portable de sa mère ou quand une copine de classe annonce sa visite.

– Tu veux que je te lise une histoire, ma puce ?

– Si tu veux…

Le ton n'est pas très encourageant, mais je commence quand même à lire un livre drôle que j'avais préparé. Au bout de quelques minutes, elle tourne la tête vers moi :

– Passe-moi plutôt ton Ipad, Mamilène.

Elle s'en saisit avec avidité et commence à jouer à un jeu qui l'accapare un bon moment. De la main gauche, elle tient la tablette au-dessus de sa tête, parallèle au plafond, de la droite elle appuie sur les touches à toute allure. Je bénis les créateurs de jeux vidéo et demande des explications :

– Comment tu ouvres cette application ?

– Facile ! Je vais te montrer. Il y a des jeux bien plus compliqués, tu devrais t'exercer. Papa dit que c'est super pour la mémoire…

Nous voilà parties dans des explications que je peine à suivre. Au bout d'un moment, elle laisse retomber les bras :

– C'est quand même fatigant…

– Alors on va chercher Lola pour jouer au Scrabble.

Ses yeux s'illuminent. Rien de tel qu'une copine pour se remonter le moral. Lola, dont elle a fait connaissance hier, est dans la même situation d'immobilité qu'elle depuis déjà deux mois. J'installe les deux chariots de part et d'autre d'une table sur laquelle le Scrabble est disposé, posant à tour de rôle les pions que les petites ne peuvent pas attraper. Très vite, les rires fusent, créant une bulle de complicité entre les deux petites filles, complicité dont je me sens un peu exclue, il faut l'avouer, mais en même temps si heureuse de les voir oublier la dureté de leur situation.

Comme avec mon blessé des Invalides, une sacrée leçon de vie que je prends des plus jeunes !

Quand j'étais vieille

Mon amie Zette dont j'ai déjà parlé, un des précieux *kéroubim* que je me suis choisis pour protéger et guider mon grand âge, avait répondu lors de sa dernière exposition à un officiel qui la félicitait pour sa jeunesse d'esprit :

– Ah ! Si vous m'aviez connue il y a vingt ans, j'étais vieille, mais j'étais vieille !

Une déclaration qui me trotte dans la tête depuis bientôt dix ans et que je m'approprie ici comme un refrain pour scander le chemin dans lequel je me suis aventurée.

Quand j'étais vieille, il y a bientôt vingt ans, j'avais des convictions, des certitudes, que je m'efforçais de transmettre à ma petite-fille. J'étais certaine que les règles qui avaient assuré, d'après moi, la réussite de ma vie amoureuse valaient pour la sienne qui commençait à se dessiner. Je pensais que, même si le rôle d'une grand-mère est bien différent de celui des parents, j'avais une responsabilité dans l'éducation de mes petits-enfants. Par exemple, leur apprendre que mentir est un vilain défaut et qu'il est important de partager ses jouets.

Aujourd'hui, je crois que les jeunes sont les mieux placés pour définir leurs propres principes de vie dans un monde qui n'a pas grand-chose à voir avec celui que j'ai connu. En revanche, je suis très désireuse d'en discuter avec eux. On aura peut-être compris que je suis une grand-mère plutôt tentée de subvertir la bonne éducation péniblement inculquée par les parents à leurs rejetons (sans pour autant conseiller à d'autres de le faire !), ou en tout cas que j'essaie d'être à l'écoute des qualités et des talents variés que chacun manifeste.

Quand j'étais vieille, il y a bientôt vingt ans, je ne savais pas regarder. Je voyais tout de façon « générale », en gros, sans m'intéresser aux détails qui donnent de la saveur à l'existence. Je ne savais admirer que les couchers de soleil et n'avais jamais prêté l'oreille à un chant d'oiseau. D'ailleurs, j'étais toujours décalée par rapport au présent, tendue vers l'instant d'après et la réalisation des multiples tâches que je me mettais sur le dos. J'étais absolument incapable de ne rien faire et, de préférence, je faisais plusieurs choses à la fois.

Aujourd'hui encore, je suis incapable de prendre un repas sans lire mon journal en même temps… L'apprentissage est difficile ! Mais ma façon de voir le monde, ou plutôt de le regarder, de le sentir, de le goûter a radicalement changé. Et j'en tire un grand plaisir.

Quand j'étais vieille, il y a au moins vingt ans, les idées occupaient toute ma tête, toute mon énergie, tout mon temps (avec heureusement un peu d'imagination que je laissais parfois vagabonder). Les gens ne m'intéressaient que pour ce qu'ils pensaient ; quand j'échangeais avec eux, c'était, dans le meilleur des cas, pour discuter. La plupart du temps, je parlais comme le professeur que j'étais, cherchant toujours plus ou moins à enfoncer quelque chose dans la tête de mon interlocuteur.

À présent, si j'aime toujours suivre les débats d'idées, je suis plutôt en position d'écoute tous azimuts, tous les sens en éveil. Ce qui me permet de ressentir l'extraordinaire complexité du monde qui m'entoure et que je cherche passionnément à comprendre, ayant renoncé depuis belle lurette à le changer. Je me régale de découvrir les gens dans leur diversité, source d'étonnement sans cesse renouvelé.

Je serais bien en peine de dire comment va se poursuivre le chemin dans lequel je me suis engagée : ouverture à la beauté des choses, à la diversité inépuisable des rencontres humaines. Car, même si je m'amuse à prétendre que la vieillesse, avec ses raideurs et ses principes, est derrière moi, je ne suis pas dupe du propos : ce chemin ne mène pas vers l'éternelle jeunesse ni même vers une enfance retrouvée. Saurai-je rester vivante jusqu'au bout, ce qui me semble le souhait profond de chacun d'entre nous, et continuer à grandir en humanité ?

Troisième partie
L'inéluctable

« Car nous ne finissons pas aussi aisément emportés que les feuilles. »

Philippe Jaccottet,
La Semaison,
Carnets 1995-1998 (La Semaison III),
Paris, Gallimard, 1984.

Cet « inéluctable » au bord duquel, à quatre-vingts ans, j'ai le sentiment de me tenir, me fait peur, je l'avoue. Celui de la mort, certes, mais aussi de la maladie ou de la dépendance. Je retrouve le sentiment de panique éprouvé rue de Babylone en allant voir ma grand-mère Pauline : une ombre qui grandit, s'approche pour me sauter dessus sans que je puisse m'en défendre. Cela ne me pourrit pas la vie, mais je sais au fond de moi, avec une certitude absolue, qu'elle est là et qu'elle me guette. Je n'aurai pas trop de l'aide de mes *kéroubim* attitrés : Suzanne, Zette et les autres, pour l'affronter.

Écrire, comme je l'ai expérimenté jusqu'à présent, va-t-il m'aider à apprivoiser cette peur ? À changer mon regard ? À m'ouvrir d'autres perspectives ? C'est ce que j'espère en écrivant ces lignes.

Mais si l'ombre grandit, si j'ai connu des moments d'angoisse pénibles en étant à plusieurs reprises hospitalisée d'urgence, je n'ai pas encore été confrontée à la longue maladie, à la dépendance qui s'installe, à la proximité de la mort. Je ne peux donc en parler que comme témoin, rapportant ce que j'ai vu et entendu, ce que des proches ont éveillé en moi de tendresse, d'admiration, de révolte...

Avant d'aborder ces différentes situations, je commencerai par évoquer des préoccupations personnelles qui me travaillent – comme sans doute bien des personnes de mon âge – mais dont nous ne parlons jamais, ou si rarement. Quel ordre mettre dans mes affaires avant de partir ? Quels souhaits sont les miens en ce qui concerne la fin de ma vie ?

Soucis funéraires

Aujourd'hui, c'est décidé, je m'y mets.

Devant moi, une journée tranquille, un temps venteux et nuageux adapté à mes préoccupations. Pour être sûre de n'être pas dérangée, je coupe le téléphone.

C'est parti !

Parce qu'il faut bien s'occuper un jour de ce qui se passera plus tard, après la mort, quand on aura disparu. Et de ce qui arrivera au moment de mourir.

L'enterrement d'abord. Essentiel pour que les enfants et petits-enfants commencent à faire leur deuil. Jacques avait souhaité qu'après la cérémonie on boive en famille à notre santé à tous, la sienne comprise. À cet effet, il avait acheté deux très bonnes bouteilles de château d'yquem. Les enfants avaient fini par le convaincre qu'il ne pouvait laisser au hasard une chose de pareille importance, qu'un cru, même aussi mythique, n'est pas nécessairement à la hauteur de sa réputation, bref qu'il lui fallait ouvrir une des deux bouteilles avant sa mort pour valider son choix. Ce qui fut fait à l'occasion de Noël. Nous avons bu la seconde le soir de son enterrement, quand nous nous sommes retrouvés entre nous, sonnés par les émotions contradictoires vécues pendant la journée.

C'était vraiment une idée de génie… Mais je ne peux pas refaire la même chose. De notoriété publique, je n'y connais rien en vins, cela n'aurait aucun sens.

Revenons à nos moutons : l'enterrement, le mien.

Il faut bien y penser et le préparer un peu pour éviter des soucis à ceux qui restent. Pas de flonflons surtout, ni de doublure en satin dans le cercueil. D'ailleurs, faut-il vraiment un cercueil ? La perspective d'être jetée dans la terre humide enveloppée d'un simple drap me donne d'avance des frissons… Allez, va pour le cercueil mais en sapin et porté par les enfants, cela me ferait plaisir.

Enfin… euh… Je ne sais pas si cela les enchantera, eux et leur dos. Laissons tomber. Mais la musique, ça j'y tiens, ce sera *Nabucco, le chœur des esclaves*. J'y pense depuis longtemps et on ne m'enlèvera pas le plaisir de continuer à le faire. En espérant par le choix de ce morceau – qui a été, malgré sa grandiloquence, un choc dans ma vie – faire entendre que la recherche de ma liberté en a été le ressort profond.

L'heure tourne, le vent souffle, je n'avance guère dans le programme que je me suis fixé. Tout en versant avec précaution l'eau bouillante sur la poudre de café, mesurée avec minutie, je me dis que la préparation fait partie intégrante du plaisir de ce café de onze heures et qu'après tout préparer ensemble l'enterrement de leur mère serait pour les enfants une façon de commencer leur deuil. Qu'il serait idiot de leur enlever cela, me rappelant avec émotion la lettre lue par mon fils Pierre à l'enterrement de son père. Une lettre qu'il avait écrite en veillant son corps.

Du coup, je renonce à prévoir davantage mon enterrement – sauf *Nabucco* bien sûr ! Restent les directives anticipées.

La question du testament, je l'avais traitée depuis longtemps, viscéralement convaincue par toute une tradition familiale que l'on doit cela à la paix de sa famille. « Après moi le Déluge », attribué à Louis XV, était présenté par mon père comme le comble de l'égoïsme inconséquent. Certes, un testament ne règle pas tout (mon père citait le sort malheureux de celui de Louis XIV, annulé à peine ouvert), mais son absence génère à coup sûr rancœurs, brouilles, procès… bref, l'horreur !

Je sentais aussi que les « biens » n'étaient pas tout. Que certains objets comptaient beaucoup, pour moi, pour les enfants, signes d'une reconnaissance, d'un attachement ou tout simplement imprégnés de souvenirs. Ces objets, il fallait en disposer, penser aux petits-enfants, tenter d'éviter les ravages de la jalousie… Ces dernières années, j'y avais passé du temps comme j'avais passé un temps fou, quand j'y pense, à trier mes dossiers, traces du travail de toute une vie, que je ne me suis pas encore résolue à jeter…

C'est quand même insensé, avais-je songé, les yeux dans le vague et les mains abandonnées sur les genoux, d'attacher tant d'importance à des papiers qui peuvent partir en fumée. Préparations de cours, outils pédagogiques que j'avais créés, bilans réalisés avec les adultes que j'avais en formation. C'est même clairement leur destination ultime, de s'envoler. Ce ne sont que des traces, après tout, celles d'un combat immatériel, impossible à mesurer, encore moins à transmettre, pour faire réfléchir des étudiants, les pousser à se dépasser eux-mêmes, à rêver peut-être… Mais ces bouts de papier ne peuvent plus intéresser personne.

C'est justement ce constat qui me révoltait, que cela ne puisse plus intéresser personne. Je m'étais sentie mal, très mal… C'était moi qui partais en fumée en les jetant au feu.

J'avais fini par renoncer.

Je termine de siroter mon café et soupire devant le travail qu'il me reste à faire. Disposer de ses biens, ranger et jeter ses papiers ne sont rien, me semble-t-il, à côté de cette exigence nouvelle : disposer de soi-même, de son corps à la dernière extrémité, sachant qu'il est impossible d'anticiper, au plus intime de soi-même, la manière et le moment de cette fin. Déjà que ce n'est pas agréable d'y penser mais prendre des décisions, les fameuses « directives », dans un brouillard complet… Pouah !

Je m'étire longuement et décide de sortir. Ça va me faire du bien ! De fait, à peine dehors, le vent me saisit et me pousse avec une force incroyable sur la petite route où je m'engage. Je cours, les bras écartés en riant de plaisir, les rafales balayant mes angoisses. Après tout, il s'agit de désigner une personne de confiance qui fera respecter mes dernières volontés, pas de quoi se tracasser indéfiniment… C'est alors que me revient le souvenir d'une soirée avec l'une de mes filles, gériatre, et sa propre fille, juriste. Sophie voulait s'entraîner à débattre et nous avions choisi de discuter de la fin de vie et du droit à en disposer. Les échanges avaient été âpres et, sur le coup de minuit, Sophie s'était levée et avait déclaré solennellement :

– On ne se mettra pas d'accord ce soir. Mais, au moins, ce qu'on peut faire, moi la première, car je peux être fauchée par une voiture en sortant d'ici, c'est rédiger nos directives anticipées. Mamilène, est-ce que tu peux imprimer un projet si tu en trouves sur Internet ?

Nous sommes reparties toutes trois avec nos

directives à remplir… Ce qu'aucune de nous n'a jamais fait à ma connaissance.

Ce souvenir m'arrête brusquement dans mon élan. Pas un hasard, sans doute, si aucune de nous trois n'a donné suite à cette affaire. Moi surtout, à bientôt quatre-vingts ans, je devrais savoir ce que je veux. Le dire, à tête reposée, pas de problème. Mais comment savoir ce que je voudrai quand j'y serai pour de bon ? Avec, peut-être, un cerveau en bouillie, en proie à des ressentis contradictoires après des semaines de souffrances… Je me remets lentement en route. Pas simple en fin de compte… Pas simple du tout. Alors, ces directives, est-ce bien utile ?

Je me ressaisis. Marchant à grands pas, je martèle à voix haute :

– En tout cas, aujourd'hui (puisque c'est ce qu'on me demande, après tout), je ne veux pas qu'on me prolonge ni qu'on me nourrisse artificiellement si l'équipe médicale (j'ai toujours attaché de l'importance aux décisions collectives) pense que c'est la fin. J'ai fait mon temps, personne ne dépend de moi, je ne veux pas être un poids pour ma famille ni pour la société. Surtout, je veux mourir honnêtement, proprement, comme l'humain que je suis, et ne pas dépendre pour survivre d'un tas de machines et de tuyaux qui remplaceraient mon corps défaillant.

Assez satisfaite de moi, je me hâte de rentrer pour en finir avec ces maudites directives quand j'entends dans ma tête une petite voix qui me souffle :

– Tout ça, c'est des grands mots que tu as lus dans la presse. Tu n'as vraiment pas d'autres souhaits, d'autres désirs que de mourir le plus confortablement possible ?

Un long silence s'ensuit.

D'une voix un peu hésitante, je poursuis :

– Bien sûr que non, je veux dire bien sûr que si… J'ai d'autres désirs. J'aimerais être prolongée suffisamment pour dire au revoir à mes enfants et à mes petits-enfants… Être suffisamment bien pour leur parler, à chacun, personnellement. Il me semble que je partirais plus en paix. Pas forcément qu'ils soient là à la fin, mais que j'aie pu leur dire adieu… Et peut-être aussi… j'aimerais qu'on me chante des chansons.

J'ajoute férocement :

– En tout cas, ils ont intérêt à m'apporter des jonquilles !

Une dette qui ne s'épuise pas

Un matin, il y a bientôt trente ans…

C'est encore potron-minet quand j'ouvre mes

volets. Une promesse d'aube enveloppe le jardin d'une lumière si ténue et si fragile qu'on ne sait plus très bien si c'est la brume matinale ou les premiers rayons du soleil.

L'heure de cueillir les haricots verts.

J'aperçois Suzanne, déjà à l'œuvre, courbée en deux au-dessus des rangées de haricots, fouillant avec délicatesse les plants généreux pour remplir le panier posé à côté d'elle. Je songe en bâillant qu'il n'est guère raisonnable, à son âge, de descendre l'escalier en pierre du jardin au risque de glisser, de tomber et avec, quoi qu'il en soit, l'assurance de se casser le dos en ramassant les légumes. Mais l'appel des haricots verts sur les femmes de la campagne ne souffre aucun retard : « Je sais bien, Madame, que vous avez d'autres choses à faire. Vous ne les cueilleriez pas à la bonne heure ou bien vous remettriez ça à demain et les haricots verts, ça n'attend pas. » Suzanne n'ose pas me dire – mais je suis sûre qu'elle le pense – que je ne sais pas ramasser les haricots avec la délicatesse voulue et que je saccagerais ses plants.

Donc pas question d'aider Suzanne, un autre de mes *kéroubim*, dans une tâche qui a donné et donne encore du sens à sa vie. En revanche, je sais que je dois prévoir le temps d'équeuter ces fameux haricots pour les servir au déjeuner, faute de quoi ils perdront leur saveur.

Équeuter, ça, n'importe qui peut le faire.

Laissant la fenêtre grande ouverte, j'enfile à la va-vite un tee-shirt, un jean et dégringole à la cuisine pour me faire un café et préparer le petit déjeuner des enfants et des stagiaires que nous accueillons à Frontenay. À cinquante ans, je n'ai pas encore de problème d'arthrose, de perte d'équilibre, de poids, des problèmes qui n'arrangent pas les choses à l'âge de Suzanne. En pleine insouciance de mon propre corps qui répond au quart de tour à mes sollicitations, je mesure mal ses difficultés à elle. Contrairement à moi, que cela ne gêne pas de solliciter un coup de main, Suzanne a sa fierté et ne demande rien.

Aussi suis-je très étonnée quand mon gendre, Frédéric, entré depuis peu dans la famille mais qui profite depuis longtemps de l'hospitalité bien connue de Suzanne, vient se plaindre auprès de moi.

– J'en ai marre ! Suzanne me tanne pour que j'aille lui chercher ses meubles à La Chaux ! Je lui ai dit que j'avais du travail par-dessus la tête et que j'irai la semaine prochaine. Mais elle ne veut rien entendre, c'est tout de suite, elle en a un besoin urgent. Vous comprenez ça ? Je ne suis pas à ses ordres !

– Bien sûr que si, tu es à ses ordres ! Nous sommes tous à ses ordres mais tu es le seul à qui elle ose demander quelque chose. C'est quand même un honneur.

– Un honneur dont je me passerais bien. De plus, il faut que j'y aille avec Jacky, ça va nous prendre toute la journée…

– Râle un bon coup et vas-y. Tu seras débarrassé.

En moi-même, je me dis qu'aux yeux de Suzanne, sur la délicate balance de ce qui est dû et de ce que l'on doit, c'est le moment pour Frédéric de payer ses dettes : la protection chaleureuse qu'elle lui dispense depuis des années, les nombreux repas pris chez elle, alors que, amoureux transi, il guettait ma fille de l'autre côté de la cour, les conseils de patience qu'elle lui prodiguait sur le sujet (« Attends encore, Fred »). Tandis qu'en ce qui me concerne, Suzanne se sent redevable – de son logement, par exemple. Si elle n'a pas l'impression de compromettre sa dignité en sollicitant Frédéric, elle ne supporterait pas de me demander quelque chose. Je me borne donc à calmer l'ire de Frédéric, qui d'ailleurs adore Suzanne – il lui a demandé d'être témoin de son mariage – et l'encourage à s'exécuter. Ce qu'il fera de mauvaise grâce.

Quelques années plus tard

Suzanne ne peut plus descendre au jardin et c'est moi qui lui apporte les haricots verts fraîchement cueillis et équeutés. De même que les premières fraises, les premières framboises, les premières salades. Dans les religions anciennes, on offrait aux dieux les prémices des récoltes. J'apporte donc à Suzanne, divinité tutélaire de Frontenay, les prémices du jardin, une façon de l'honorer et de reconnaître ce que nous lui devons. Elle l'accepte d'autant mieux qu'elle n'a rien demandé. C'est un cadeau, qui nous fait plaisir à toutes deux.

Avec mes enfants, déjà grands, il reste important qu'il y ait une contrepartie. Elle sait bien que ses talents de cuisinière sont inégalables, aussi les invite-t-elle à une somptueuse choucroute pour les remercier de nettoyer l'écurie de ses moutons. Charrier des tonnes de fumier dans le froid glacé de novembre devient ainsi, grâce à la choucroute qui suit, un moment festif attendu avec impatience.

Pour préparer le repas et mettre le couvert, Suzanne fait appel à Bernadette, une amie de toujours, qui lui est d'ailleurs redevable d'un tas de choses. Installée dans son fauteuil, Suzanne est aux commandes, Bernadette s'affaire et profitera, bien sûr, elle aussi, du festin. Ainsi, de proche en proche, les solidarités se renforcent, l'équilibre des échanges est respecté, la dignité de chacun préservée.

Une leçon pour la femme que je suis aujourd'hui. Que proposer en échange des services que je serai nécessairement amenée à demander ? Que je demande déjà, compte tenu des fragilités de l'âge. Comment faire pour que m'aider soit considéré comme un honneur ?

Pour moi, c'est encore mystérieux.

Encore quelques années plus tard

Nous nous relayons, les enfants, Jacques et moi, pour assurer une présence auprès de Suzanne les week-ends d'hiver. Elle a dépassé les quatre-vingt-dix ans mais tient absolument à garder à dîner ceux qui lui font le plaisir de venir, commençant à admettre qu'on l'aide à mettre le couvert et à monter son bois. Ces repas, avec la soupe à l'oseille et l'omelette aux fines herbes qui embaume dans sa petite cuisine bien chaude, restent des moments privilégiés dans la mémoire de chacun.

Mais ses forces déclinent : même avec des aides appropriées (« On ne peut pas dire, elles sont bien gentilles, ces petites, mais ça ne sait pas nettoyer les légumes pour la soupe »), elle sent bien qu'elle ne pourra plus rester chez elle très longtemps.

– Vous ne m'abandonnerez pas, Madame ? supplie-t-elle quand nous sommes seules.

Je me sens déchirée par cet aveu d'impuissance et de fragilité. De la part de cette femme si forte sur laquelle nous nous sommes tous appuyés, celle qui, du haut de chez elle, a su veiller sur Frontenay, la beauté du jardin, l'éducation et même le bonheur des enfants, cet aveu me touche plus que je ne saurais le dire.

– Bien sûr que non, Suzanne. Vous allez voir, on va vous trouver un endroit où vous serez bichonnée comme vous ne l'avez jamais été !

Mais Suzanne se moque bien d'être bichonnée. Ce qu'elle veut, c'est rester chez elle, au château. Elle y restera jusqu'au jour où une chute malencontreuse… En attendant, elle continue à préparer une omelette bien baveuse qu'elle partage péniblement avec moi les soirs d'hiver, quand je vais au conseil municipal.

C'est un de ces soirs-là, en rentrant du conseil, que j'entends la sirène des pompiers. J'arrive juste à temps pour la trouver allongée sur une civière, prête à être enfournée dans l'ambulance. Le temps de l'embrasser en refoulant mes larmes et de recueillir sa dernière supplication :

– Vous ne m'abandonnerez pas, Madame ? Vous ne m'abandonnerez pas…

Suzanne est morte à l'hôpital quelques semaines plus tard. Je suis venue la voir de Paris autant que possible mais pas assez pour apaiser la dette dont je me sentais redevable. Puis j'ai découvert que la seule façon de m'en acquitter était de la remplacer, de jouer à mon tour ce rôle de *kéroubim*, d'ange gardien de Frontenay, rôle qui a été le sien pendant un demi-siècle. À mon tour de surveiller les fuites d'eau, les bêtises des petits-enfants, de cueillir les haricots verts. Jusqu'à ce qu'à mon tour je passe le relais.

*

Il m'a fallu longtemps pour m'approprier cette découverte pourtant toute simple : il y a des dettes qui ne s'épuisent pas. C'est peut-être ce qui tisse avec le plus de solidité ce qui nous relie à ceux qui nous ont précédés : un lien qui n'est pas seulement celui de la filiation biologique mais de la solidarité humaine. C'est ainsi que, sans avoir eu d'enfants, Suzanne a sa place dans la chaîne des générations.

L'essentiel n'est pas de transmettre, mais de savoir prendre le relais quand il se présente, faisant confiance à d'autres pour le prendre à leur tour. C'est la vie qui se joue là, avec son flux ininterrompu. Prendre la suite n'implique pas de tout reproduire à l'identique. Bien au contraire. Je ne cueille plus les haricots verts, mais plutôt, dès que je le peux, les jonquilles – ces éclats de lumière qui annoncent le printemps comme les haricots verts la prodigalité de l'été. Je ne cherche pas à imiter l'hospitalité inégalable de Suzanne, mais j'essaie d'engager, au hasard de mes rencontres dans Paris, quelque chose de notre commune humanité.

Les façons de payer sa dette sont inépuisables, elles aussi.

En maison de retraite

Peut-être à cause de cet air de fête qui se respire en ville, rappel que Noël est proche, je me décide à aller voir Michel. Comme si j'étais redevable envers lui au regard de tous ces Noëls passés ensemble à Cléron, chez ma grand-mère. Nous avions le même âge et nous formions un trio inséparable avec Patrick, mon frère cadet. À près de soixante-dix ans, nous avons toujours autant de plaisir à nous retrouver.

Je ne l'ai pas prévenu. Pourtant, quand j'entre dans la chambre de la maison de retraite où il est confiné maintenant entre lit et fauteuil roulant, il semble m'attendre, un bon sourire illuminant sa figure un peu rougeaude :

– Ghislaine ! Ça fait plaisir de te voir, mon petit !

– Et moi donc ! Tu sais que tu ressembles de plus en plus à ton père, avec un peu plus de cheveux quand même !

– Oui, on me l'a dit.

Je revois la bonne figure d'Octave, sa couronne de cheveux blancs, sa bouche édentée, son dos voûté dans un costume noir étriqué. Rien n'était plus beau pour mes quatre ans, mes dix ans, mes douze ans, sagement assise à côté de ma grand-mère dans l'église de Cléron, que de l'entendre chanter aux vêpres du dimanche. À présent, auprès de Michel, son fils, mon ami d'enfance, devenu curé pour réaliser le rêve de son père, j'éprouve de la reconnaissance en pensant à lui.

– Je t'ai apporté un CD de chants de Noël. Tu te rappelles les Noëls à Cléron ? Nous allions nous balader tous les trois avec Patrick le long de la rivière, nous la remontions au-delà de la fontaine du Maine. Loin, loin, au-delà des limites du permis et du défendu. Nous rentrions quand la nuit tombait, à la lumière de la lune, avec la neige qui scintillait.

– Tu te rappelles, poursuit-il, les pendeloques

de glace que nous rapportions en les suçotant et le froid qui nous brûlait les doigts à travers les gants ? Nous voulions absolument déposer à la crèche cette lumière que le gel avait emprisonnée et qui nous semblait un cadeau digne des rois Mages.

– Ah ! Ces rois Mages ! Quand, pour l'Épiphanie, ils passaient de maison en maison en chantant et en tournant leur crécelle, et que nous leur offrions à boire…

Il sourit, tout au plaisir de retrouver sur la route du temps les trois adolescents que nous étions, têtes et cœurs pleins de rêves, les yeux encore emplis de la lumière mystérieuse qui émanait de la neige.

– Quelle enfance merveilleuse nous avons eue, Ghislaine !

J'ajoute avec conviction, car je le crois vraiment :

– Quelle vie magnifique aussi, tu ne trouves pas ? Chacun de son côté, c'est vrai, mais le lien est resté. À preuve, continué-je sur le ton de la plaisanterie, le voyant faire la moue, tu as marié trois de mes enfants.

– Et enterré Jacques, ajoute-t-il avec un sourire un peu triste. Tu vois, Ghislaine, j'ai un regret quand même, c'est de n'avoir pas eu d'enfants.

– Cela a été dur pour toi ?

– Très, j'aurais tant voulu…

Il ferme les yeux, me dérobant la suite. Comme les gouttes d'eau glacée qui tombaient, une à une, de nos stalactites, je recueille dans mon cœur cet aveu inattendu. Il me semble que son visage en est devenu plus lisse, plus confiant, comme l'enfant qu'il est en train de redevenir.

Le silence se prolonge dans la chambre où chacun de nous suit ses propres souvenirs qui crèvent la surface du temps comme des bulles de savon irisées. Une crispation passe, soudain, sur le visage de Michel, qui ouvre les yeux.

– Dis-moi bien tout, Ghislaine, tu as connu mes parents, n'est-ce pas ? Est-ce qu'ils sont encore vivants ?

Cette question, Michel me la pose chaque fois que je viens le voir. Je souris en lui caressant du bout des doigts le front et les joues.

– Dans ton cœur, Michel, et dans le mien aussi, dans le cœur de tous ceux qui les ont aimés. Mais ils sont morts depuis longtemps déjà et tu iras bientôt les rejoindre.

– C'est que j'aimerais tellement les revoir !

– Sois patient, il faut d'abord que tu rajeunisses encore un peu. Ces grosses rides sur ton front, ces plis au coin de ta bouche… Tu iras les revoir quand tout cela aura disparu !

Il rit, pleinement lucide d'un coup.

– Ce sont les soucis, Ghislaine, le découragement. Si tu savais comme je voudrais en finir, partir les rejoindre comme tu dis !

– Je m'en doute, encore que je me sentirais très seule si tu partais… Mais je crois que c'est justement ça qui te retient : la colère d'être bloqué ici, le souci de ton infirmité, l'angoisse de ne pas savoir pour combien de temps. Quand tu auras lissé tout ça, tu t'envoleras comme une plume !

Quand je le vois sourire de mes fantaisies, des larmes me brouillent le regard. Lui aussi sans doute car, après un silence, il reprend d'une toute petite voix :

– Comme tu es belle !

Du coup, les larmes débordent des paupières où je tenais pourtant leur troupeau bien serré. Sous son regard, je me sens redevenir la gamine, la jeune fille, la femme qu'il a aimée sans oser me le dire, qu'il aime encore aujourd'hui.

Je pose ma main sur la sienne en ravalant la boule qui me monte à la gorge.

– Maintenant il faut que je te quitte. Joyeux Noël, Michel ! À bientôt.

Je l'embrasse, pensant une fois de plus (je le pense à chaque visite) que c'est peut-être la dernière.

– Je t'attendrai, me répond-il alors que je suis déjà sur le pas de la porte. J'ai l'habitude !

En réponse, je lui lance du bout des doigts un baiser de papillon qui va se poser sur ses paupières fatiguées.

*

Je suis touchée de plein fouet par ce « J'ai l'habitude », qui réveille ma culpabilité de ne pas aller le voir plus souvent et toujours en coup de vent. Attendre… Bien sûr, comme tant d'autres atteints dans leur santé, il en est réduit à dépendre, à attendre, ce qui me semble la pire des horreurs.

Après le double accident cérébral qui l'a laissé paralysé du côté gauche, Michel a plongé dans la déprime et la révolte. Comme les amis de Job, nous étions scandalisés par son refus obstiné de se bouger, par ses gémissements incessants, lui qui avait toujours compati à la souffrance des autres, jetant à profusion réconfort, joie de vivre et émerveillement devant les moindres signes de l'amour de Dieu.

Nous avions trop d'affection pour le laisser tomber, mais nous ne reconnaissions pas « notre Michel ». Qu'est-ce qui était en train de se défaire sous nos yeux ? Quelle colère profonde remontait à la surface pour crier ainsi son amertume, son sentiment d'abandon, son envie de mourir ? Pourquoi refuser d'être « consolé » par les multiples amis qui venaient le voir et qu'il faisait tout pour décourager ?

Cela a duré deux ans, peut-être trois.

C'est seulement aujourd'hui (sous l'influence de quelle alchimie intérieure ?) que sa révolte s'est apaisée, qu'il semble retrouver du plaisir à voir ses amis et que, tout en continuant à désirer « partir », il peut dire, ou plutôt redire : « J'attendrai, j'ai l'habitude... »

Quand le sujet vacille

Pendant des années, j'ai suivi de près la maladie d'Alzheimer de Joseph, un voisin de vacances pour qui j'avais beaucoup d'affection. Témoin de ses angoisses grandissantes, de l'épuisement de ses proches, je me suis longtemps interrogée sur l'oubli, caractéristique de cette maladie, signe évident aux yeux de tous du vacillement puis de l'effacement progressif de celui qui en est victime et perd à nos yeux sa qualité de « sujet ».

Comme un moustique attiré par la lumière, Joseph sort de sa chambre et vient, dès potron-minet, chercher une présence bienveillante.

Affolé par la perte de ses repères dans le temps – il n'arrive plus à lire l'heure –, il s'accroche à cette présence qui peut le protéger du chaos dans lequel il lui semble s'enfoncer. Alors il frappe au volet encore fermé quelques « toc-toc » timides d'abord, puis plus insistants. Elle est là, il en est sûr, il faut qu'elle l'entende, il y a urgence…

Derrière le volet, les premiers coups réveillent Sylvie en sursaut. Six heures trente, le jour pointe à peine. Elle se retourne dans son lit, refusant une réalité qu'elle ne veut pas entendre. Les « toc-toc » se font plus forts. Instinctivement, elle bande ses muscles pour s'empêcher de bouger. Non, elle n'ouvrira pas, il finira bien par comprendre. Hier et avant-hier, et avant-avant-hier déjà, elle est sortie pour lui expliquer qu'il était trop tôt, qu'il devait rentrer chez lui, dans sa chambre, que l'infirmière n'arriverait qu'à neuf heures et qu'elle-même avait besoin de dormir. Mais peut-on se rendormir quand l'angoisse du *jusqu'à quand ça va durer* vous a déjà broyé le cœur ?

Dehors, les coups redoublent, l'affolement saisit Joseph. Il ne peut arrêter ce vrombissement qui s'accélère comme celui d'un moustique derrière la vitre qui le sépare de la lampe.

La rage le disputant au désespoir, Sylvie saute du lit, enfile une veste, ouvre la porte avec violence… et suspend de justesse le mouvement d'exaspération qui la pousse à chasser l'insecte : la frêle silhouette qui se détache à contre-jour sous le chapeau de traviole lui fait l'effet d'une douche froide. Une brusque émotion, mélange d'affection et de pitié, la traverse. Après tout, c'est son père…

Elle pose avec douceur la main sur l'épaule qui est retombée, encore tremblante d'angoisse :

– Je suis là. Ne t'inquiète pas. Mais il est trop tôt pour se lever. Retourne dans ta chambre, j'irai te chercher quand l'infirmière arrivera.

Quelques mois plus tard, à l'hôpital où il va passer des tests.

Elles sont deux. Deux blouses blanches qui se penchent sur la silhouette tassée, assise devant une table devenue trop haute. Le même bob de travers coiffe sa tête pendant qu'il s'efforce de faire glisser le crayon sur la page.

– Dessine-moi un mouton, chantonne la psychologue qui se reprend très vite, un bonhomme, dessinez-nous un bonhomme.

La main de Joseph, aussi tavelée qu'un coing pourrissant, trace un rond maladroit, hésite… Mouton ? Chaton ? Sa mère, il n'y a pas si longtemps, dessinait un ballon avec une queue et des moustaches qui faisait « miaou » sur la page, cela le faisait rire. Il lève le crayon, comme s'il écoutait, la tête un peu penchée, la couleur de ce rire remontant d'une mémoire enfouie.

– Vous avez oublié la tête et les jambes, remarque la stagiaire.

– C'est que je perds un peu la boule, enchaîne-t-il tout naturellement.

Et les blouses blanches de rire avec lui, complices pour quelques secondes de ce « sujet » tout neuf surgi mystérieusement du rond qui a queuté.

Ailleurs, dans un autre service. Il ne s'agit plus de Joseph mais d'une Joséphine, clouée dans son lit, grabataire comme on dit. Seul le regard suit les allées et venues des blouses, bleues cette fois, ballet de taches colorées dans la chambre ripolinée de blanc. Précises, professionnelles, elles basculent les corps usés, retirent draps et alèses souillés, étendent le linge propre, fraîchement repassé, badigeonnent les fesses irritées, lavent, essuient, répandent le clapotis rassurant de leurs bavardages matinaux…

De ces bruits familiers Joséphine ne saisit que des bribes qui lui semblent percer les buées du lavoir où caquettent les femmes du village. L'aube est à peine levée que déjà elles frottent, tordent, claquent les draps mouillés sur la pierre, s'activent à remettre à neuf le linge, les corps, le monde lui-même qui surgit, glorieux, des brumes matinales.

Soudain, dans ce charivari de femmes et de rivière, l'attention de la laveuse se fixe sur une branche de noisetier fraîchement coupée qui flotte au gré du courant paresseux. Une, deux, trois branches…

– Ah ! c'est toi, garnement ! Déjà levé ?

Vers la forme qui surgit et se rapproche du lit elle s'efforce de tendre les bras en proie à une soudaine panique. L'attraper, surtout l'attraper avant qu'elle ne s'évanouisse une fois de plus. Le regard affolé, elle s'accroche à la blouse bleue qui se penche au-dessus du lit et qui demande, taquine :

– Comment je m'appelle ?

– Henri, articule la vieille femme dans un souffle.

– Raté ! riposte la voix qui ne fait pas de cadeau, je m'appelle Anne-Marie. Vous avez encore perdu !

Un fin sourire détend le visage encore brouillé par les jeux de cache-cache du temps :

– Tous les jours c'est pareil, j'oublie.

*

Oubli inquiétant, oubli dangereux, premier signe à nos yeux de ce vacillement du sujet âgé qui nous serre le cœur, réveille nos peurs car nous nous imaginons qu'il est sur la « mauvaise pente ».

Oubli insupportable aux très proches, épuisés, qui ne reconnaissent plus leur père, leur mère, leur conjoint et ne sont plus reconnus d'eux. Avec le sentiment d'une tendresse bafouée s'ils n'ont pas opéré ce retournement intérieur dont Énée, portant sur ses épaules son vieux père Anchise, nous rappelle l'importance.

Oubli mystérieux, oubli bienheureux qui efface les rides du temps, lave les traînées de douleur qui n'en finissent pas d'encrasser l'âme, ouvre peut-être à la personne vacillante de nouvelles plages, inaccessibles à ses proches. À condition qu'un entourage, bienveillant et sans doute insouciant, accepte cet oubli, peut-être salvateur, sans en faire un drame.

L'oubli de la tête et des jambes du bonhomme, évoqué tout naturellement par le personnel soignant comme une étourderie, permet à Joseph d'en rire tout simplement : « Je perds un peu la boule », avoue-t-il naïvement.

Comme l'enfant au jeu de la bobine regarde l'objet disparaître et s'en réjouit, assuré qu'il est de sa réapparition comme jonquilles au printemps, Joseph peut regarder disparaître sa mémoire et en rire s'il est assuré que son entourage ne s'alarme pas et ne va pas le lâcher pour autant. De même qu'« il faut imaginer Sisyphe heureux[1] », ne faut-il pas imaginer les Joseph ou Joséphine atteints d'Alzheimer, parfois heureux d'une situation qui leur échappe irrémédiablement ?

Alors que, le plus souvent, en bons fils de Noé, nous jetons un voile pudique sur la fragilité ainsi dévoilée : « Mais non, mais non, vous ne perdez pas la tête ! », pétrifiés d'angoisse de voir un être que nous aimons perdre la mémoire, ses repères dans le temps et l'espace, la maîtrise de son avenir. Nous ne savons pas le rejoindre dans son dénuement. Nous ne savons d'ailleurs plus où il est.

… *et qu'il s'éteint*

Hier soir, Sylvie m'a téléphoné pour me dire qu'elle n'en pouvait plus d'attendre à côté de ce lit où repose Joseph qui n'en finit pas de mourir… Sa panique est telle qu'elle se lève la nuit et traverse la ville pour venir le veiller. J'ai pris le train et je suis descendue vers le sud, sans bien savoir lequel des deux je venais accompagner.

1. Albert Camus, *Le Mythe de Sisyphe*, Paris, Gallimard, 1942.

À peine suis-je arrivée que Sylvie m'entraîne dans la maison de retraite où Joseph a été transféré il y a trois mois. Il est étendu sur le dos, les yeux fermés, une perfusion sous-cutanée permettant de l'hydrater. Le mouvement de sa respiration soulève la couverture bien tirée, selon un rythme qui semble déjà hors du temps. Dans la demi-obscurité qui règne, je reconnais bien cette chambre où j'ai passé de nombreuses heures, dans un désordre d'objets s'entassant sur les tables et les sièges. Le vide règne maintenant et j'ose à peine poser mon manteau sur une chaise. Je m'approche de Joseph et me penche vers lui :

– Joseph, c'est Ghislaine, je viens vous faire un petit coucou…

– Oh ! vous savez, intervient Sylvie avec véhémence, il ne vous répondra pas. Ça fait deux jours qu'il est comme ça, qu'il ne bouge pas, ne parle pas, garde les yeux fermés. On ne sait plus s'il est vivant ou mort. C'est insupportable !

Je caresse tout doucement du doigt le visage de Joseph. Qu'elles se sont creusées ces joues depuis quinze jours que je ne suis pas venue ! Le nez aux narines pincées, les pommettes saillantes… Un visage décharné mais apaisé. Oui, c'est bien pour lui que je suis venue. Pour vivre ce moment, probablement le dernier, à côté de lui.

– C'est le cœur qui tient, continue Sylvie dont la voix trahit la fatigue et l'anxiété. Combien de temps un cœur peut-il tenir ? Combien de temps un homme peut-il vivre sans manger ? Cela va faire bientôt trois mois ! Et un mois que le médecin dit qu'il ne passera pas la semaine...

– Je n'en sais rien, Sylvie. Je vois seulement qu'il respire encore et n'a pas l'air de souffrir.

– Mais où est-il, Ghislaine ? Où est-il ?

Sans répondre, je m'assois à côté du lit et je prends la main de Joseph, sagement posée sur la couverture. Elle est froide mais pas glacée et je la garde entre mes mains à moi, bien chaudes, comme pour l'assurer et m'assurer de sa présence. Sylvie s'est assise de l'autre côté du lit et le silence prend possession de la chambre, en roi, comme s'il tolérait tout juste notre présence dans une cérémonie solennelle dont le sens nous échappe.

C'est l'arrivée de deux blouses blanches pour le change de la nuit qui interrompt cette veille et, après un rapide baiser sur le front de Joseph, nous quittons la chambre pour rentrer chez Sylvie prendre une tisane.

Le lendemain, nous revenons. Joseph n'a pas bougé, sa respiration soulève toujours imperceptiblement la couverture, mais la chambre, ce matin, est pleine de soleil. Nous avons longuement parlé hier soir avec Sylvie – qui a résisté à la tentation de venir cette nuit et semble moins tendue ce matin. Elle tient son chapelet qu'elle égrène et des « Je vous salue, Marie » muets peuplent la chambre silencieuse. J'ai entre les mains un livre de psaumes mais en abandonne vite la lecture pour laisser mes pensées vagabonder. Ce sont, bien sûr, les souvenirs qui affluent. Joseph et son chapeau de traviole qu'il ne quittait jamais, l'angoisse qui le saisissait de tout oublier, de n'avoir d'autres repères que la présence rassurante de Sylvie. Plus loin, beaucoup plus loin, me revient le souvenir du dernier Noël passé chez lui avec Jacques et les enfants. Les blagues qu'il aimait raconter avec une saveur qui lui était propre, sa cuisine saccagée par la fabrication d'une mémorable bouillabaisse autour de laquelle les discussions théologiques allaient bon train… Les larmes me montent aux yeux, Jacques est parti, lui est en passe de le faire et la question de Sylvie me revient avec insistance : Où êtes-vous ? Joseph, comment peut-on vous atteindre ?

Aucun mouvement, aucun changement dans le rythme imperturbable de la respiration. Je cale ma propre respiration sur la sienne et il me semble avoir trouvé un temps, peut-être un lieu où je peux mystérieusement le rejoindre. Sylvie somnole. La matinée passe, goutte à goutte. Comme hier soir, l'arrivée d'une infirmière nous invite à rentrer déjeuner et à prendre un peu de repos.

Nous sommes depuis trois jours installées dans ce rythme : silence auprès de Joseph qui ne bouge toujours pas (après que nous avons tenté de frotter ses pieds glacés, de lui caresser les mains, d'alterner, autour de son lit, les versets chantés de ses psaumes préférés…), échanges avec Sylvie pendant les repas et la tisane du soir. Elle refait le film de ces dernières années difficiles, de la dégradation brutale qui a conduit Joseph à l'hôpital, de son refus de s'alimenter, s'interroge indéfiniment sur ce qu'il aurait fallu faire ou ne pas faire, sur le sens de ces journées suspendues, hors du temps et de la vie, lui semble-t-il. Ces longs moments muets à côté de Joseph ne me pèsent pas. J'ai le sentiment que quelque chose se creuse paisiblement en moi, au rythme de ma respiration accordée à la sienne, sans bien savoir de quoi il s'agit. Mais je suis forcément moins impliquée que Sylvie dans ma relation à Joseph.

Le quatrième jour, elle craque. Elle n'en peut plus d'attendre une mort qui ne vient pas :

« C'est inhumain, dit-elle en pleurant, pour lui, pour moi. Ça n'a aucun sens… » Je l'entraîne hors de la chambre et nous restons plus d'une heure à parler ainsi, une boisson chaude entre les mains. Sylvie veut appeler le médecin, lui demander de faire une injection définitive. Je me garde bien de lui dire qu'en France ce n'est pas possible et nous finissons par convenir qu'elle appellera d'abord deux personnes en qui elle a confiance pour avoir leur avis.

Pendant qu'elle demande, comme chaque soir, à l'infirmière de la prévenir s'il y a du nouveau au cours de la nuit, je me penche pour embrasser Joseph sur le front. C'est alors que je vois une larme, une seule, échapper à ses paupières fermées et rouler sur sa joue.

Le lendemain matin à cinq heures, Sylvie me réveille pour m'annoncer que Joseph est mort.

La petite musique de la vie

– Quel âge avez-vous, madame ?

– Quatre-vingt-six ans, docteur.

Je rapporte ici une anecdote que m'a racontée l'une de mes amies, atteinte d'un myélome contre lequel elle lutte avec courage depuis huit ans.

La remplaçante de son médecin généraliste, une femme, poursuit :

– Connaissez-vous la durée de vie moyenne des femmes actuellement ?

Sans attendre la réponse, elle poursuit :

– Que voulez-vous ! Il faut bien que les choses aient une fin.

Après des années de bataille contre la maladie, qui lui semble justifiée par son goût de la vie, dit-elle, mon amie commence à se poser des questions. Lors des trop rares visites que j'ai l'habitude de lui rendre – après des échanges toujours passionnants sur l'art, la politique ou le dernier livre d'Henri Bauchamps –, elle me fait part de ses doutes à propos des débats qui font rage sur la fin de vie :

– Qu'en pensez-vous, Ghislaine ? Nous avons suffisamment travaillé ensemble à la formation des bénévoles en soins palliatifs pour en parler librement. On évoque beaucoup l'acharnement thérapeutique et le non-respect des droits des malades qui subsiste encore dans certains services, on parle bien rarement du coût économique de la santé des personnes âgées. Enfin, on le fait en général, bien sûr…

– Vous voulez dire que cela n'entre jamais dans les débats sur la fin de vie ?

– Exactement. Je n'ai jamais entendu dire

par quelqu'un : « Je veux mourir parce que je coûte trop cher à la société », et c'est heureux ! Mais nous avons toutes deux entendu des bénévoles en soins palliatifs rapporter les propos de malades qu'ils accompagnaient : « Je ne sers plus à rien, personne n'a besoin de moi, je n'ai plus qu'à disparaître. »

– Tout à fait. Je me rappelle combien ces bénévoles étaient désemparés…

– Eh bien, je me pose ces mêmes questions. J'ai un âge déjà vénérable, pas d'enfants, je ne suis indispensable à personne, ma vie coûte cher à mon pays. Pourtant… j'entends toujours la petite musique de la vie.

Une musique persistante, poursuit mon amie, en décrivant les moments de joie et d'émerveillement que lui réserve chaque journée en même temps que les angoisses d'une fin qu'elle sait proche et d'un accompagnement médical trop souvent défaillant à ses yeux. Dans une lettre que j'ai gardée précieusement elle s'interroge encore :

« Dois-je me laisser glisser sur la pente des prix ou me battre contre la maladie puisque ma vie est encore savoureuse et surtout que j'ai la certitude que toute vie humaine a une valeur et qu'il n'est pas digne de mettre cela en doute ? »

*

Cette certitude de la valeur de toute vie humaine – et de sa propre vie quand elle est diminuée, affaiblie, menacée – n'est-elle pas insidieusement mise à mal ? En pointant le règne des chiffres, des coûts, mon amie pose avec justesse le problème : Comment justifier la valeur intrinsèque de toute vie humaine ? Comment estimer sa propre vie quand elle coûte si cher à la société, sans contrepartie mesurable ? On retrouve ici la hantise de tant de personnes âgées : être encore utiles à quelque chose. Doute qui me saisit moi-même de façon irrépressible quand je me sens mise à l'écart, ou parfois « de trop ».

Il n'est pas fréquent d'être aussi lucide sur sa situation que l'amie que je viens de citer – psychanalyste d'ailleurs. Je suis d'autant plus impressionnée par les questions qui la taraudent. Il est facile en effet de se laisser glisser sur la pente de la culpabilité quand on devient dépendant ! Ou, à l'inverse, de verser dans la revendication agressive de ses droits, façon tatie Danielle. Il faut une clairvoyance et une force de caractère peu communes pour résister à ces deux tentations, pour se « bien traiter » envers et contre tout, continuer à donner du prix à sa propre vie.

Un autre médecin a dit un jour à mon amie :

– Ne démissionnez pas, madame, continuez ! La mort survient de préférence quand un malade a démissionné.

Une compassion indispensable, comme l'est notre solidarité à tous, pour entretenir jusqu'au bout cette « petite musique de la vie ».

Dernière visite

Cinq longues années après la visite dont j'ai parlé plus haut, Michel attend toujours.

J'entre dans sa chambre. Toujours la même, avec ses deux fenêtres ouvrant sur un jardin de bonnes sœurs. À ma surprise, il est assis dans son fauteuil, comme avant. Pourtant, quand je suis allée le voir à l'hôpital il y a quinze jours, les médecins ont diagnostiqué une gangrène et demandé l'avis de la famille : Faut-il couper la jambe pour éviter une infection généralisée ou attendre la fin en le soulageant par de la morphine ? Après bien des hésitations, et après l'avoir consulté, la famille a choisi de le laisser tranquille à condition qu'il ne souffre pas. Il est donc retourné en maison de retraite et, en effet, ne semble pas souffrir.

Tant bien que mal, je glisse une chaise entre le fauteuil et le lit pour m'asseoir du côté où il pourra m'entendre et où je pourrai, peut-être, l'entendre. Il est recroquevillé dans ce fauteuil qui lui sert de coquille. Son bras gauche, complètement mort, a dû être opéré pour que les ongles ne s'incrustent pas dans la chair. Sa tête ne tient plus droit : comme celle d'une poupée de chiffon, elle tombe complètement en avant.

Je pose ma main sur l'appui du fauteuil et il la saisit avec une force qui me surprend.

– Michel, c'est Ghislaine, tu me reconnais ?

Pas de réponse audible mais il me serre la main.

– Je suis allée te voir à l'hôpital où tu n'avais pas l'air bien du tout. Tu es content d'être revenu chez toi, dans ta chambre ?

Je le sens attentif. La douleur semble moins forte qu'à l'hôpital et je le lui dis. Nous poursuivons cette étrange conversation entre une voix qui parle et une main qui s'exprime.

– J'ai téléphoné à Pat, je lui ai parlé de ton état. Il ne peut pas venir, bien sûr, de l'autre bout du monde, mais il m'a chargé de te dire qu'il pensait beaucoup à toi et espérait que tu partirais en douceur, sans souffrance.

La main se serre encore, sans que je comprenne s'il réagit à la sollicitude de mon frère ou s'il acquiesce au « partir en douceur ». Je sens mon estomac se contracter au rythme de la main qui s'accroche à la mienne. Il bafouille quelque chose que je ne comprends pas. Alors je soulève doucement sa tête de ma main gauche et reçois en plein cœur un regard presque vide dans un visage exsangue : une tête de Christ en croix. Je le lui dis. Il cherche encore à exprimer quelque chose et je finis par comprendre : « J'ai soif. »

Je réussis à lui faire boire quelques gorgées du verre posé sur la table. Puis, soutenant toujours sa tête de la main gauche, je récite très lentement à voix basse :

Je vous salue, Marie, pleine de grâce
Le Seigneur est avec vous
Et Jésus, votre enfant, est béni.

Sainte Marie, mère de Dieu,
Priez pour nous pauvres pécheurs
Maintenant et à l'heure de notre mort. Amen.

Il me tient toujours la main et je continue d'égrener le chapelet dont le rythme paisible et musical semble l'apaiser.

J'ai l'impression d'être là depuis des siècles et

cela fait à peine une demi-heure. Je ne sais plus quoi faire. J'ai envie de partir.

Lors de mes visites précédentes, je lui chantais Bobby Lapointe qu'il aimait, le père Duval qu'il fredonnait avec moi : « J'ai joué de la flûte sur la place du marché et personne, avec moi, n'a voulu danser[1]. » Puis des airs de Noël, celui des rois Mages qu'il chantait à pleine voix quand il parcourait le village habillé en Balthazar, avec ses copains Melchior et Gaspard. Ma gorge est nouée, ma voix s'étrangle, les chansons ne passent pas. Je reste assise en silence, caressant doucement sa tête qui est retombée et lui me tenant fort la main.

La porte s'ouvre, deux infirmiers entrent pour le mettre dans son lit.

– Michel, je dois partir. Bon voyage, si tu vas retrouver tes parents, là-haut.

J'embrasse sa main, son front et me lève pour sortir.

Je contiens mon émotion dans le couloir et jusqu'à la sortie de l'établissement. Ce n'est que dans la voiture que je croise enfin les bras sur le volant et pose mon front dessus.

Je ne suis pas sûre de ne pas avoir pleuré.

1. Aimé Duval, « J'ai joué de la flûte », chanson extraite de l'album *Chansons du Père Duval. Anthologie*, Studio SM, 1991.

Michel est mort quelques jours plus tard.

Depuis bientôt dix ans, il reste comme une épine dans ma chair. Tant de souffrance, de désespoir parfois quand il perdait complètement la tête (ce qui ne durait jamais bien longtemps), de prières et de supplications de son côté, de rage et de révolte du mien. Pour celui qui croit, à quoi cela sert-il, si ce n'est à manifester l'impuissance de Dieu ? Pour celui qui ne croit pas, tant de souffrance semble un non-sens, une absurdité.

J'ai souvent pensé, à son sujet, à Job sur son tas de fumier. Ayant perdu ses biens, sa famille, sa santé, Job, nous raconte la Bible, refuse les consolations d'amis bien intentionnés et crie à Dieu son innocence et sa révolte. Mais la dernière fois que j'ai vu Michel, c'est la figure du Christ qui s'est imposée – son calvaire, en plus long, qu'il me semblait lui voir vivre. Pour l'homme crucifié il y a deux mille ans, comme pour Michel et tant d'autres, cela me paraît un scandale. Rien d'autre qu'un scandale.

Pourtant, le temps apaisant ma propre colère, certains souvenirs me reviennent. Par exemple, le goût de Michel pour les bons petits plats, un goût qui lui venait sûrement de sa mère, une fine cuisinière, et qui me semble le goût même de la vie. Il s'était accommodé d'infirmités qui nous paraissaient insupportables, à nous, ses amis, continuant d'éprouver du plaisir à chanter ou à écouter des chansons, à évoquer des souvenirs, même douloureux, savourant jusqu'au bout la petite musique de la vie. C'étaient nous qui ne supportions pas ses infirmités, qui ne supportions pas de ne plus reconnaître « notre Michel ». Il nous semblait voir dans sa dépendance une forme de déchéance, d'abandon de sa dignité d'homme comme si cette dignité se réduisait aux bonnes manières, à la maîtrise de son destin.

« Pour faire un homme, mon Dieu que c'est long… », chantait autrefois le père Duval, que Michel aimait tant. Mais peut-être est-ce plus long encore de le laisser se défaire des oripeaux dont il se pare, dont nous nous revêtons tous avec obstination.

Quant à l'impuissance de Dieu, la croyante que je reste encore s'en est emparée comme d'un mystère. Un mystère que manifestent avec force tant d'injustices, de situations dramatiques dans le monde. Mais aussi un appel à jouer simplement notre rôle d'hommes et de femmes, présents, solidaires. N'est-ce pas ce à quoi nous invite le témoignage d'Etty Hillesum enfermée dans un camp de concentration[1] ? Elle se contente d'être là, avec une joie de vivre stupéfiante dans de telles circonstances, sans doute le fruit d'un long travail intérieur, irradiant la lumière sans jamais s'y forcer et permettant peut-être à ses codétenus de rester, eux aussi, humains jusqu'au bout.

Jonquilles

Les premières jonquilles !

Nous allions les chercher avec ma grand-mère dans les bois au-dessus de la Loue. Je continue à aller les cueillir sur les coteaux au-dessus de Frontenay. Elles signent pour moi l'arrivée du printemps, la renaissance de la vie après les froidures de l'hiver.

J'ai déjà parlé de Zette, un de mes *kéroubim*, dont la curiosité d'esprit, l'humour, la capacité à se battre pour ses idées m'avaient toujours fascinée. Nous avions une complicité qui m'était précieuse dans l'action culturelle menée ensemble, moi comme élue, elle comme artiste. J'enviais sa liberté de jugement et l'inventivité dont elle

1. Etty Hillesum, *Une vie bouleversée*, Paris, Le Seuil, 1995.

faisait preuve en toute circonstance. Aussi la nouvelle de son hospitalisation d'urgence, à peine terminée l'exposition rétrospective de ses œuvres (« Après, on ferme boutique », disait-elle), est-elle tombée sur moi comme un coup de tonnerre. D'emblée, j'ai su que c'était la fin et que, d'une certaine façon, c'était le moment qu'elle avait choisi.

Mais, bien sûr, je n'ai pas voulu y croire.

Puis le diagnostic est tombé : cancer du côlon.

Avant mon départ pour Paris, j'ai décidé d'aller la voir à l'hôpital de Besançon où elle avait été transférée.

Quand je suis entrée dans sa chambre, son visage émergeait à peine d'une flopée de tuyaux en tous sens. Elle ne m'avait sans doute pas entendue frapper, car elle gardait les yeux fermés, dans un visage très pâle. J'ai cru une seconde que c'était fini et mon cœur s'est mis à battre comme un fou. Mais elle a ouvert les yeux et la petite lueur qui y pétillait m'a rassurée. Elle était vivante, si vivante !

Je lui ai largement souri, m'excusant de cette intrusion et lui ai demandé si elle préférait que je repasse plus tard. Elle a fait non de la tête et d'un signe imperceptible m'a invitée à m'asseoir. Il lui a fallu quelques secondes pour aller chercher au fond d'elle-même le souffle qui lui manquait. Avec un clin d'œil appuyé, je l'ai entendue murmurer :

– Vous ne trouvez pas que je ressemble à Mickey ?

Les larmes et le rire me sont montés en même temps aux yeux et aux lèvres et j'ai examiné l'ensemble de la situation avec attention.

– Je dirais plutôt à Pinocchio à cause du nez et des tuyaux qui en sortent.

– Ça me va, sauf que le Geppetto là-haut…

Elle s'est arrêtée, fermant les yeux comme pour récupérer ses forces. J'ai laissé passer quelques secondes, me concentrant intérieurement sur l'image de Pinocchio abandonné sur l'établi d'un créateur inconséquent.

– Geppetto ne fait pas son travail, ai-je avancé prudemment.

– Tout à fait ça. Mauvais artiste ! a-t-elle articulé péniblement.

– Ça alors ! De votre part, c'est l'injure suprême.

La créativité de Zette s'étendait à tous les domaines. Elle réalisait en particulier des personnages en papier journal imbibé de colle extrêmement évocateurs dans les registres du poétique ou du grotesque. J'imaginais sans peine le Pinocchio-Josette qu'elle aurait pu créer, avec des tuyaux sortant de partout, oublié dans son propre atelier.

Quand je l'ai quittée, cinq minutes plus tard, j'avais oublié les tuyaux, la pâleur, les yeux fermés de lassitude. Elle m'avait raconté avec le même humour qu'on avait oublié de lui apporter ses repas après son transfert à Besançon, ce qui lui avait permis d'entamer une cure d'amaigrissement bien nécessaire. Qu'elle avait consolé la petite aide-soignante épouvantée de cette erreur en lui demandant de lui apporter papiers et crayons pour dessiner les portraits du personnel du service. Que la caricature du médecin-chef avait eu un succès fou…

Des fêlures dans sa voix m'ont fait arrêter notre bavardage et je l'ai quittée en lui souhaitant un bon rétablissement. Elle m'a arrêtée en disant :

– Oh… vous savez…

Je me suis penchée sans crier gare pour embrasser sa main posée, inerte, sur le couvre-lit et je l'ai entendue murmurer :

– Comme pour un archevêque.

À peine la porte refermée avec précaution, je me suis appuyée contre le mur du couloir tant je me sentais sens dessus dessous. Les larmes débordaient de mes paupières en même temps que j'avais mal au ventre de rire. Les bras croisés sur ma poitrine, je me suis courbée en avant pour comprimer ce trop-plein d'émotions contradictoires en me répétant : « Comme pour un archevêque, comme pour un archevêque… » En entrant dans la chambre, je m'étais préparée à saluer une mourante, en en sortant je me demandais qui était la plus vivante de nous deux.

J'avais envie que cette mourante me dessine un Pinocchio en guise de viatique pour l'au-delà…

Nous étions fin novembre et je suis repartie pour Paris. Des amis me donnaient des nouvelles de Josette que sa nièce, médecin, avait ramenée près d'elle à l'hôpital de Saint-Claude, dans le haut Jura. Je l'imaginais bringuebalée d'un hôpital à l'autre, comme un objet qu'on se refile. En même temps, je savais qu'elle ne le vivait pas ainsi, ne se laissant certainement à aucun moment dépouiller de sa liberté souveraine.

Elle continuait de dessiner, racontait l'un, de discuter philo comme si de rien n'était, écrivait l'autre. Tous s'accordaient à dire qu'elle ne verrait pas le printemps.

Je suis revenue dans le Jura au début de mars, pour la voir une dernière fois, avec l'idée de lui apporter au moins une bouffée de printemps.

Je suis allée cueillir les premières jonquilles, pensant que, dans les mêmes circonstances, j'aurais aimé que quelqu'un ait la bonne idée de m'en apporter dans ma chambre d'hôpital. Surtout quand s'y livre un ultime combat. Les jonquilles avaient toute leur place dans cette affaire de vie et de mort, autant, sinon plus, que les traitements les plus sophistiqués. J'ai téléphoné pour m'enquérir des heures de visite et je me suis mise en route.

Comme je l'avais escompté, Saint-Claude était encore sous la neige. Les bâtiments XVIIe de l'hôpital, d'une beauté sévère, s'accordaient bien avec le paysage de montagne, l'ensemble procurant un véritable apaisement de l'âme.

Après m'être renseignée à l'accueil, je suis montée à pied au premier étage, mon bouquet de jonquilles à la main. Quand je suis arrivée devant la porte de la chambre, celle-ci s'est ouverte brusquement et la personne qui en est sortie m'a jeté en passant : « On n'entre pas. » Je suis allée m'asseoir sagement sous l'une des hautes fenêtres du couloir, un peu étonnée de voir des soins prodigués à une heure aussi inhabituelle.

Deux femmes en blouse blanche sont arrivées précipitamment, l'une, avec des talons aiguilles, achevant de boutonner la sienne sur une jupe plissée bleu marine. Je me suis levée, vaguement inquiète, puis cette dernière est ressortie de la chambre et s'est dirigée vers moi pour me dire, d'une voix à peine audible :

– C'est fini.

Je suis restée debout, foudroyée, mon bouquet de jonquilles à la main, ayant perdu la mesure du temps au point que la femme m'a répété, comme si je ne l'avais pas entendue :

– C'est fini. Je viens de constater le décès.

Peut-être encore sous le choc, elle a continué :

– Vous la connaissiez ? Je suis sa nièce.

– Je suis l'une de ses amies. Je venais lui apporter les premières jonquilles.

– Trop tard.

Puis elle a ajouté, sans doute consciente de mon désarroi :

– Voulez-vous la voir ?

Je l'ai suivie dans la chambre et nous sommes restées toutes deux en silence devant le visage paisible de Zette. Je crois bien n'avoir songé qu'à une chose : Que faire de mes jonquilles ? Je n'avais qu'une envie, les poser sur le lit.

Et puis l'étau que je sentais autour de mon cœur s'est desserré un peu, suffisamment pour que j'entende la voix teintée d'ironie de Zette me souffler à l'oreille :

– Pas grave. Le printemps, je l'ai déjà trouvé.

*

Non, comme l'écrit Philippe Jaccottet, nous ne partons pas aussi aisément que les feuilles. Écrire ne m'a pas encore permis d'apprivoiser cette ombre que je sens rôder autour de moi. Du moins ai-je pu mettre en perspective la peur de vieillir, constater qu'il reste toujours quelques notes de la petite musique de la vie. Michel est mort avec encore ce goût de vie en bouche, Jacqueline s'est battue pour le conserver. Même Suzanne, submergée par la peur de l'abandon, avait ce sentiment profond d'avoir « fait son boulot », notamment en cultivant son jardin. Un goût de la vie qui donne la force de continuer jusqu'au bout.

« *La femme Narsès :* Comment cela s'appelle-t-il quand le jour se lève, comme aujourd'hui, et que tout est gâché, que tout est saccagé et que l'air pourtant se respire, et qu'on a tout perdu [...] ?

Le mendiant : Cela a un très beau nom, femme Narsès. Cela s'appelle aurore[1]. »

1. Jean Giraudoux, *Électre*, Paris, Le Livre de poche, coll. « Le Théâtre de poche », 1967.

Mais la mort de Zette m'ouvre d'autres horizons, comme une promesse qu'il est possible de ne pas courber le dos devant l'inéluctable, de ne pas subir sa propre mort, de garder sa liberté jusqu'au bout. C'est peut-être en cela que nous pouvons continuer à grandir en humanité. Cette liberté, j'y aspire plus que tout, mais je reconnais humblement n'en être pas du tout assurée.

Après, c'est le mystère indéchiffrable de la mort de chacun.

Toussaint

Demain, c'est fête. Le cimetière flamboie déjà de l'or des chrysanthèmes. Lucile, que je garde pendant les vacances, en est émerveillée. Je lui propose, ce matin, de m'aider à nettoyer la tombe de Grand-père Jacques et de Marguerite. Munies de sécateurs et des dernières roses cueillies dans le jardin, nous descendons toutes deux l'étroit sentier qui conduit à l'église.

– Tu vas voir, on va leur faire une tombe magnifique, demain, c'est une grande fête…

– La fête de qui ?

– De tous les gens qui sont morts. Pour leur montrer que nous pensons à eux et que nous continuons de les aimer, on met plein de fleurs sur leurs tombes.

– Comme les bouquets qu'on t'a offerts pour ton anniversaire ?

– Pareil.

Lucile semble sceptique. Ses quatre ans ne sont pas dépourvus d'esprit critique et on ne lui fera pas gober n'importe quoi.

– Mais toi, tu peux les sentir, les fleurs, les morts ne peuvent pas.

– C'est vrai…

La remarque me désarçonne et je la laisse tourner un moment dans ma tête. Elle réveille un souvenir qui me fait encore rire : quand deux autres de mes petites-filles, Flore et Marion, qui n'avaient pas encore sept ans, avaient déplacé et réparti les fleurs sur l'ensemble des tombes du cimetière pour que « tous les gens qui sont morts soient contents ». Comment ne pas applaudir à pareil souci de justice ?

– C'est vrai qu'on ne sait pas si ça leur fait plaisir. Mais ça me fait plaisir à moi de me rappeler Grand-père Jacques et de lui faire une belle tombe.

Arrivées au cimetière où s'affairent beaucoup de gens, nous nous activons à couper le lierre qui a envahi la tombe. Je prête un sécateur à Lucile, assorti d'une avalanche de recommandations, car je ne suis pas très sûre que ses parents l'auraient autorisée à s'en servir (je suis même sûre du contraire !). Mais Lucile est très concentrée sur sa tâche et je la surveille du coin de l'œil.

– C'est beau, déclare-t-elle, satisfaite de notre travail, Grand-père Jacques va être content.

– Et Marguerite aussi, tu sais qu'elle porte le nom d'une fleur ?

– Mais qui c'est, Marguerite ?

Là je me redresse, mesurant brusquement l'étendue de mes responsabilités. Marguerite est la sœur de Lucile, décédée à la naissance il y a sept ans et dont, visiblement, personne ne lui a encore parlé. Je réponds lentement, butant un peu sur les mots :

– Marguerite, c'est ta grande sœur. Quand elle est née, elle n'arrivait pas à respirer et elle est morte, longtemps avant que tu sois née. Tu vois, il nous reste des fleurs, on pourrait lui faire un petit bouquet, exprès pour elle…

– Et aussi lui chanter une chanson, propose Lucile.

Subitement, une émotion m'envahit. Je me rappelle la chanson que je chantais aux grands frère et sœur de Lucile pour leur parler de la mort de leur petite sœur et je murmure d'une voix étouffée :

Mon petit oiseau
A pris sa volée.

Lucile connaît la chanson et reprend joyeusement :

Mon petit oiseau
A pris sa volée
A pris sa, à la volette
A pris sa, à la volette
A pris sa volée.

– Alors Marguerite… elle s'est envolée ?

– Bien sûr, comme Grand-père Jacques et comme moi je m'envolerai un jour.

– Moi aussi ?

– Toi aussi.

En remontant le sentier avec Lucile qui chantonne, je laisse ma mémoire vagabonder. Me reviennent les pleurs désespérés de Max, trois ans, demandant inlassablement pendant l'enterrement de son grand-père : « Où il est, Grand-père Jacques ? Où il est, Grand-père Jacques ? »

J'ai encore dans l'oreille cette voix, son désespoir, la plainte qui se répète dans l'église silencieuse où nous attendons l'arrivée du cercueil. Puis la voix du violoncelle qui couvre cette détresse que nous partageons tous, le temps qui s'étire… qui s'éternise…

Les pleurs qui reprennent plus fort autour de la fosse où l'on descend le corps de Jacques, le moment d'étourdissement qui me saisit alors, le bras du papa de Max qui me soutient pendant que le petit garçon continue : « Où il est, Grand-père Jacques ? Où il est, Grand-père Jacques ? »

Cette imploration continue à me poursuivre. Rappel du mystère de la mort sous la surface d'un quotidien que je m'efforce de rendre léger. Longtemps, je me suis interrogée sur mon incapacité à répondre à Max. « Au ciel » était la réponse habituelle des cantiques de mon enfance (« Au ciel, au ciel, au ciel, j'irai la voir un jour »…).

Je ne pouvais me résoudre à lui donner cette réponse-là. « Dans la terre » n'avait pas plus de sens puisque nous avions tous deux vu le corps déposé dans le cercueil, le cercueil descendu par des cordes dans le caveau et que la question nous poursuivait encore.

Plus tard, je me rappelle avoir expliqué à Max que son grand-père continuait à vivre dans son cœur et dans le mien. La réponse me satisfaisait davantage, mais quel sens cela peut-il avoir pour un petit garçon qui voudrait retrouver le sourire, la complicité de son grand-père et grimper sur ses genoux ?

Aujourd'hui, j'entends davantage le cri de Max que je ne cherche de réponse à lui donner. Un cri qui me serre le cœur de plus en plus souvent, à mesure, sans doute, que je me rapproche de la mort moi aussi, un appel qui a gardé toute sa force parce que, loin des habillages dont je cherche à l'étouffer, c'est celui de l'enfant perdu que je suis aussi.

Je poursuis le vagabondage de mes souvenirs en remontant péniblement le sentier. Dans ma main, déjà tachée de rousseurs, ce n'est plus la main de Lucile, mais la main fraîche d'une autre de mes petites-filles, au même âge. Nous naviguons dans les feuilles mortes. Derrière nous, des traînées sinuent. Un bon coup de pied, parfois, disperse aux quatre vents les feuilles qui s'envolent.

– Alors, Mamilène ! Tu racontes quand tu étais petite ?

– Quand j'étais petite, je me glissais sous les grillages du jardin des Tuileries et je sautais sur les tas de feuilles mortes que les jardiniers avaient ramassées pour en faire du terreau. Je me roulais dedans et j'y creusais des cachettes…

– Du terreau, c'est quoi, Mamilène ?

– Ce sont des feuilles qui pourrissent et qu'on

met ensuite dans le jardin pour faire pousser les fleurs, Sophie.

– Et les feuilles sur lesquelles tu écris, ça pourrit aussi ?

– Peut-être bien, peut-être aussi que ça fait pousser les petites filles.

– Et les grand-mères, ça les fait pousser ?

– Ça, c'est sûr. Quand tu seras grand-mère, ma Sophie…

Impatiente, Sophie s'échappe, virevolte, ramasse les feuilles à pleines brassées, les lance en l'air.

– Quand je serai grand-mère, c'est toi qui seras petite, Mamilène, et tu lanceras en l'air toutes les feuilles que tu auras écrites !

– Peut-être… ou peut-être que je serai devenue si légère que je m'envolerai avec les feuilles.

– Alors, on dira que tu es morte.

Table des matières

PREMIÈRE PARTIE :
L'ÉTONNEMENT DE VIEILLIR

Deuxième partie :

S'inventer un chemin

TROISIÈME PARTIE :
L'INÉLUCTABLE

RÉALISATION : NORD COMPO À VILLENEUVE- D'ASCQ
IMPRESSION : MAURY IMPRIMEUR À MALESHERBES (45)
DÉPÔT LÉGAL : AOÛT 2017 - N° 136194 (220243)
IMPRIMÉ EN FRANCE